RÉPERTOIRE GÉNÉRAL

DU

THÉATRE FRANÇAIS.

ÉDITION STÉRÉOTYPE

D'APRÈS LE PROCÉDÉ D'HERHAN.

PARIS,

H. NICOLLE, A LA LIBRAIRIE STÉRÉOTYPE,

rue de Seine, n.° 12.

M DCCC XVIII.

V. 5548
A.6.12.

RÉPERTOIRE GÉNÉRAL
DU
THÉATRE FRANÇAIS.

TOME 12.

RHADAMISTHE

ET

ZÉNOBIE,

TRAGÉDIE,

Représentée pour la première fois le
14 decembre 1711.

A SON A. S. MONSEIGNEUR

LE PRINCE

DE VAUDEMONT.

Monseigneur,

Je n'ai jamais douté du succès de Rhadamisthe. Une tragédie qui vous avoit plu pouvoit-elle n'être pas approuvée ? Le public l'a applaudie en effet ;

et ce sont ces mêmes applaudissements qui me donnent aujourd'hui la hardiesse de la dédier à V. A. S. Ne craignez pas, Monseigneur, que cette liberté soit suivie d'aucune autre. Votre modestie n'aura rien à souffrir avec moi. Tel affronte la mort avec intrépidité; tel, par son habileté à la guerre, échappe à des périls certains, et sait se couvrir de gloire dans le temps qu'il paroît le plus près de sa perte, qui ne soutiendroit pas la plus petite louange sans se déconcerter. Accoutumé d'ailleurs à peindre des héros de mon imagination, peut-être réussirois-je mal en peignant d'après le plus parfait modèle. Et quels éloges encore que ceux d'une épître, pour un prince consacré à l'histoire et à la tradition ! L'histoire, sans se charger d'un encens superflu, par le simple récit des faits loue avec plus de noblesse que les traits les plus recherchés; ainsi le lecteur trouvera bon que je l'y renvoie : c'est là où, mieux que dans une épître, souvent suspecte de flatterie, il verra quel prix étoit réservé aux grandes actions de V. A. S. Trop heureux que la permission que vous avez eu la bonté de me donner de placer votre nom à la tête de cet ouvrage me mette à portée de vous assurer que personne au monde n'est avec plus de vénération et un plus profond respect que moi,

Monseigneur,

de votre altesse sérénissime

le très humble et très obéissant serviteur,

Jolyot de Crébillon.

PERSONNAGES.

PHARASMANE, roi d'Ibérie.
RHADAMISTHE, roi d'Arménie, fils de Pharasmane.
ZÉNOBIE, femme de Rhadamisthe, sous le nom d'Isménie.
ARSAME, frère de Rhadamisthe.
HIÉRON, ambassadeur d'Arménie, et confident de Rhadamisthe.
MITRANE, capitaine des gardes de Pharasmane.
HYDASPE, confident de Pharasmane.
PHENICE, confidente de Zénobie.
GARDES.

La scène est dans Artanisse, capitale de l'Ibérie, dans le palais de Pharasmane.

RHADAMISTHE
ET
ZÉNOBIE
TRAGÉDIE.

ACTE PREMIER.

SCÈNE I.

ZÉNOBIE, sous le nom d'Isménie; PHÉNICE.

ZÉNOBIE.

Ah ! laisse-moi, Phénice, à mes mortels ennuis ;
Tu redoubles l'horreur de l'état où je suis :
Laisse-moi. Ta pitié, tes conseils, et la vie,
Sont le comble des maux pour la triste Isménie.
Dieux justes ! ciel vengeur, effroi des malheureux !
Le sort qui me poursuit est-il assez affreux ?

PHÉNICE.

Vous verrai-je toujours, les yeux baignés de larmes,
Par d'éternels transports remplir mon cœur d'alarmes?
Le sommeil en ces lieux verse en vain ses pavots;
La nuit n'a plus pour vous ni douceur ni repos.
Cruelle! si l'amour vous éprouve inflexible,
A ma triste amitié soyez du moins sensible.
Mais quels sont vos malheurs? Captive dans des lieux
Où l'amour soumet tout au pouvoir de vos yeux,
Vous ne sortez des fers où vous fûtes nourrie,
Que pour vous asservir le grand roi d'Ibérie.
Et que demande encor ce vainqueur des Romains?
D'un sceptre redoutable il veut orner vos mains.
Si, rebuté des soins où son amour l'engage,
Il s'est enfin lassé d'un inutile hommage,
Par combien de mépris, de tourments, de rigueur,
N'avez-vous pas vous-même allumé sa fureur!
Flattez, comblez ses vœux, loin de vous en défendre;
Vous le verrez bientôt plus soumis et plus tendre.

ZÉNOBIE.

Je connois mieux que toi ce barbare vainqueur,
Pour qui, mais vainement, tu veux fléchir mon cœur.
Quels que soient les grands noms qu'il tient de la victoire,
Et ce front si superbe où brille tant de gloire;
Malgré tous ses exploits, l'univers à mes yeux
N'offre rien qui me doive être plus odieux.
J'ai trahi trop long-temps ton amitié fidèle:
Il faut d'un autre prix récompenser ton zèle,
Me découvrir. Du moins, quand tu sauras mon sort,
Je ne te verrai plus t'opposer à ma mort.

Phénice, tu m'as vue, aux fers abandonnée,
Dans un abaissement où je ne suis point née.
Je compte autant de rois que je compte d'aïeux,
Et le sang dont je sors ne le cède qu'aux dieux.
Pharasmane, ce roi qui fait trembler l'Asie,
Qui brave des Romains la vaine jalousie,
Ce cruel dont tu veux que je flatte l'amour,
Est frère de celui qui me donna le jour.
Plût aux dieux qu'à son sang le destin qui me lie
N'eût point par d'autres nœuds attaché Zénobie !
Mais, à ces nœuds sacrés joignant des nœuds plus doux,
Le sort l'a fait encor père de mon époux,
De Rhadamisthe enfin.

PHÉNICE.
Ma surprise est extrême :
Vous Zénobie ! ô dieux !

ZÉNOBIE.
Oui, Phénice, elle-même,
Fille de tant de rois, reste d'un sang fameux,
Illustre, mais, hélas ! encor plus malheureux.
Après de longs débats, Mithridate mon père
Dans le sein de la paix vivoit avec son frère.
L'une et l'autre Arménie, asservie à nos lois,
Mettoit cet heureux prince au rang des plus grands rois.
Trop heureux en effet, si son frère perfide
D'un sceptre si puissant eût été moins avide !
Mais le cruel, bien loin d'appuyer sa grandeur,
Le dévora bientôt dans le fond de son cœur.
Pour éblouir mon père, et pour mieux le surprendre,
Il lui remit son fils dès l'âge le plus tendre.

Mithridate charmé l'éleva parmi nous,
Comme un ami pour lui, pour moi comme un époux.
Je l'avoûrai, sensible à sa tendresse extrême,
Je me fis un devoir d'y répondre de même,
Ignorant qu'en effet, sous des dehors heureux,
On pût cacher au crime un penchant dangereux.
PHÉNICE.
Jamais roi cependant ne se fit dans l'Asie
Un nom plus glorieux et plus digne d'envie.
Déjà, des autres rois devenu la terreur....
ZÉNOBIE.
Phénice, il n'a que trop signalé sa valeur.
A peine je touchois à mon troisième lustre,
Lorsque tout fut conclu pour cet hymen illustre.
Rhadamisthe déjà s'en croyoit assuré,
Quand son père cruel, contre nous conjuré,
Entra dans nos états, suivi de Tiridate,
Qui brûloit de s'unir au sang de Mithridate;
Et ce Parthe, indigné qu'on lui ravît ma foi,
Sema partout l'horreur, le désordre et l'effroi.
Mithridate, accablé par son indigne frère,
Fit tomber sur le fils les cruautés du père;
Et, pour mieux se venger de ce frère inhumain,
Promit à Tiridate et son sceptre et ma main.
Rhadamisthe, irrité d'un affront si funeste,
De l'état à son tour embrasa tout le reste,
En dépouilla mon père, en repoussa le sien;
Et, dans son désespoir ne ménageant plus rien,
Malgré Numidius et la Syrie entière,
Il força Pollion de lui livrer mon père.

ACTE I, SCÈNE I.

Je tentai, pour sauver un père malheureux,
De fléchir un amant que je crus généreux.
Il promit d'oublier sa tendresse offensée,
S'il voyoit de ma main sa foi récompensée ;
Qu'au moment que l'hymen l'engageroit à moi,
Il remettroit l'état sous sa première loi.
Sur cet espoir charmant aux autels entraînée,
Moi-même je hâtois ce fatal hyménée ;
Et mon parjure amant osa bien l'achever,
Teint du sang qu'à ce prix je prétendois sauver.
Mais le ciel, irrité contre ces nœuds impies,
Eclaira notre hymen du flambeau des Furies.
Quel hymen, justes dieux ! et quel barbare époux !

PHÉNICE.

Je sais que tout un peuple indigné contre vous,
Vous imputant du roi la triste destinée,
Ne vit qu'avec horreur ce coupable hyménée.

ZÉNOBIE.

Les cruels, sans savoir qu'on me cachoit son sort,
Osèrent bien sur moi vouloir venger sa mort.
Troublé de ses forfaits, dans ce péril extrême,
Rhadamisthe en parut comme accablé lui-même.
Mais ce prince, bientôt rappelant sa fureur,
Remplit tout, à son tour, de carnage et d'horreur.
« Suivez-moi, me dit-il : ce peuple qui m'outrage
En vain à ma valeur croit fermer un passage :
Suivez-moi. » Des autels s'éloignant à grands pas,
Terrible et furieux, il me prit dans ses bras,
Fuyant parmi les siens à travers Artaxate,
Qui vengeoit, mais trop tard, la mort de Mithridate.

Mon époux cependant, pressé de toutes parts,
Tournant alors sur moi de funestes regards....
Mais, loin de retracer une action si noire,
D'un époux malheureux respectons la mémoire :
Épargne à ma vertu cet odieux récit.
Contre un infortuné je n'en ai que trop dit.
Je ne puis rappeler un souvenir si triste,
Sans déplorer encor le sort de Rhadamisthe.
Qu'il te suffise enfin, Phénice, de savoir,
Victime d'un amour réduit au désespoir,
Que par une main chère, et de mon sang fumante,
L'Araxe dans ses eaux me vit plonger mourante.

PHÉNICE.

Quoi ! ce fut votre époux.... Quel inhumain, grands dieux !

ZÉNOBIE.

Les horreurs de la mort couvroient déjà mes yeux,
Quand le ciel, par les soins d'une main secourable,
Me sauva d'un trépas sans elle inévitable.
Mais, à peine échappée à des périls affreux,
Il me fallut pleurer un époux malheureux.
J'appris, non sans frémir, que son barbare père,
Prétextant sa fureur sur la mort de son frère,
De la grandeur d'un fils en effet trop jaloux,
Lui seul avoit armé nos peuples contre nous ;
Qu'introduit en secret au sein de l'Arménie,
Lui-même de son fils avoit tranché la vie.
A ma douleur alors laissant un libre cours,
Je détestai les soins qu'on prenoit de mes jours,
Et, quittant sans regret mon rang et ma patrie,
Sous un nom déguisé j'errai dans la Médie.

Enfin, après dix ans d'esclavage et d'ennui,
Étrangère partout, sans secours, sans appui,
Quand j'espérois goûter un destin plus tranquille,
La guerre en un moment détruisit mon asile.
Arsame, conduisant la terreur sur ses pas,
Vint, la foudre à la main, ravager ces climats :
Arsame, né d'un sang à mes yeux si coupable,
Arsame cependant à mes yeux trop aimable,
Fils d'un père perfide, inhumain et jaloux,
Frère de Rhadamisthe, enfin de mon époux.

PHÉNICE.

Quel que soit le devoir du nœud qui vous engage,
Aux mânes d'un époux est-ce faire un outrage
Que de céder aux soins d'un prince généreux
Qui par tant de bienfaits a signalé ses feux?

ZÉNOBIE.

Encor si dans nos maux une cruelle absence
Ne nous ravissoit point notre unique espérance!...
Mais Arsame, éloigné par un triste devoir,
Dans mon cœur éperdu ne laisse plus d'espoir ;
Et, pour comble de maux, j'apprends que l'Arménie,
Qu'un droit si légitime accorde à Zénobie,
Va tomber au pouvoir du Parthe ou des Romains,
Ou peut-être passer en de moins dignes mains.
Dans son barbare cœur flatté de sa conquête,
A quitter ces climats Pharasmane s'apprête.

PHÉNICE.

Eh bien ! dérobez-vous à ses injustes lois.
N'avez-vous pas pour vous les Romains et vos droits ?

Par un ambassadeur parti de la Syrie,
Rome doit décider du sort de l'Arménie.
Reine de ces états, contre un prince inhumain
Faites agir pour vous l'ambassadeur romain :
On l'attend aujourd'hui dans les murs d'Artanisse.
Implorez de César le secours, la justice;
De son ambassadeur faites-vous un appui;
Forcez-le à vous défendre, ou fuyez avec lui.

ZÉNOBIE.

Comment briser les fers où je suis retenue?
M'en croira-t-on d'ailleurs, fugitive, inconnue?
Comment....

SCÈNE II.

ZÉNOBIE, sous le nom d'Isménie; ARSAME,
PHÉNICE.

ZÉNOBIE.

Mais quel objet! Arsame dans ces lieux!

ARSAME.

M'est-il encor permis de m'offrir à vos yeux?

ZÉNOBIE.

C'est vous-même, seigneur! Quoi! déjà l'Albanie....

ARSAME.

Tout est soumis, madame; et la belle Isménie,
Quand la gloire paroît me combler de faveurs,
Semble seule vouloir m'accabler de rigueurs.
Trop sûr que mon retour d'un inflexible père
Va sur un fils coupable attirer la colère,
Jaloux, désespéré, j'ose, pour vous revoir,
Abandonner des lieux commis à mon devoir.

Ah ! madame, est-il vrai qu'un roi fier et terrible
Aux charmes de vos yeux soit devenu sensible ;
Que l'hymen aujourd'hui doive combler ses vœux ?
Pardonnez aux transports d'un amant malheureux.
Ma douleur vous aigrit : je vois qu'avec contrainte
D'un amour alarmé vous écoutez la plainte.
Ce n'est pas sans raison que vous la condamnez :
Le reproche ne sied qu'aux amants fortunés.
Mais moi, qui fus toujours à vos rigueurs en butte,
Qu'un amour sans espoir dévore et persécute ;
Mais moi, qui fus toujours à vos lois si soumis,
Qu'ai-je à me plaindre, hélas ! et que m'a-t-on promis ?
Indigné cependant du sort qu'on vous prépare,
Je me plains et de vous et d'un rival barbare.
L'amour, le tendre amour qui m'anime pour vous,
Tout malheureux qu'il est, n'en est pas moins jaloux.

ZÉNOBIE.

Seigneur, il est trop vrai qu'une flamme funeste
A fait parler ici des feux que je déteste :
Mais, quel que soit le rang et le pouvoir du roi,
C'est en vain qu'il prétend disposer de ma foi.
Ce n'est pas que, sensible à l'ardeur qui vous flatte,
J'approuve ces transports où votre amour éclate.

ARSAME.

Ah ! malgré tout l'amour dont je brûle pour vous,
Faites-moi seul l'objet d'un injuste courroux :
Imposez à mes feux la loi la plus sévère,
Pourvu que votre main se refuse à mon père.
Si pour d'autres que moi votre cœur doit brûler,
Donnez-moi des rivaux que je puisse immoler,

Contre qui ma fureur agisse sans murmure.
L'amour n'a pas toujours respecté la nature :
Je ne le sens que trop à mes transports jaloux.
Que sais-je, si le roi devenoit votre époux,
Jusqu'où m'emporteroit sa cruelle injustice ?
Ce n'est pas le seul bien que sa main me ravisse.
L'Arménie, attentive à se choisir un roi,
Par les soins d'Hiéron se déclare pour moi.
Ardent à terminer un honteux esclavage,
Je venois à mon tour vous en faire un hommage ;
Mais un père jaloux, un rival inhumain,
Veut me ravir encor ce sceptre et votre main.
Qu'il m'enlève à son gré l'une et l'autre Arménie,
Mais qu'il laisse à mes vœux la charmante Isménie.
Je faisois mon bonheur de plaire à ses beaux yeux,
Et c'est l'unique bien que je demande aux dieux.

ZÉNOBIE.

Et pourquoi donc ici m'avez-vous amenée ?
Quelle que fût ailleurs ma triste destinée,
Elle couloit du moins dans l'ombre du repos.
C'est vous, par trop de soins, qui comblez tous mes maux.
D'ailleurs, qu'espérez-vous d'une flamme si vive ?
Tant d'amour convient-il au sort d'une captive ?
Vous ignorez encor jusqu'où vont mes malheurs.
Rien ne sauroit tarir la source de mes pleurs.
Ah ! quand même l'amour uniroit l'un et l'autre,
L'hymen n'unira point mon sort avec le vôtre.
Malgré tout son pouvoir, et son amour fatal,
Le roi n'est pas, seigneur, votre plus fier rival :

Un devoir rigoureux, dont rien ne me dispense,
Doit forcer pour jamais votre amour au silence.
J'entends du bruit : on ouvre. Ah seigneur ! c'est le roi.
Que je crains son abord et pour vous et pour moi !

SCÈNE III.

PHARASMANE, ZÉNOBIE, sous le nom d'Isménie; ARSAME, MITRANE, HYDASPE, PHÉNICE, Gardes.

PHARASMANE.

Que vois-je ? c'est mon fils ! Dans Artanisse Arsame !
Quel dessein l'y conduit ? Vous vous taisez, madame !
Arsame près de vous, Arsame dans ma cour,
Lorsque moi-même ici j'ignore son retour !
De ce trouble confus que faut-il que je pense ?

(à Arsame.)

Vous à qui j'ai remis le soin de ma vengeance,
Que j'honorois enfin d'un choix si glorieux,
Parlez, prince; quel soin vous ramène en ces lieux ?
Quel besoin, quel projet a pu vous y conduire,
Sans ordre de ma part, sans daigner m'en instruire ?

ARSAME.

Vos ennemis domtés, devois-je présumer
Que mon retour, seigneur, pourroit vous alarmer ?
Ah ! vous connoissez trop et mon cœur et mon zèle,
Pour soupçonner le soin qui vers vous me rappelle.
Croyez, après l'emploi que vous m'avez commis,
Puisque vous me voyez, que tout vous est soumis.

Lorsqu'au prix de mon sang je vous couvre de gloire,
Lorsque tout retentit du bruit de ma victoire,
Je l'avoûrai, seigneur, pour prix de mes exploits,
Que je n'attendois pas l'accueil que je reçois.
J'apprends de toutes parts que Rome et la Syrie,
Que Corbulon armé menacent l'Ibérie :
Votre fils se flattoit, conduit par son devoir,
Qu'avec plaisir alors vous pourriez le revoir :
Je ne soupçonnois pas que mon impatience
Dût dans un cœur si grand jeter la défiance.
J'attendois qu'on ouvrît pour m'offrir à vos yeux,
Quand j'ai trouvé, seigneur, Isménie en ces lieux.

PHARASMANE.

Je crains peu Corbulon, les Romains, la Syrie :
Contre ces noms fameux mon ame est aguerrie ;
Et je n'approuve pas qu'un si généreux soin
Vous ait, sans mon aveu, ramené de si loin.
D'ailleurs, qu'a fait de plus, qu'a produit ce grand zèle,
Que le devoir d'un fils et d'un sujet fidèle ?
Doutez-vous, quels que soient vos services passés,
Qu'un retour criminel les ait tous effacés ?
Sachez que votre roi ne s'en souvient encore
Que pour ne point punir des projets qu'il ignore.
Quoi qu'il en soit, partez avant la fin du jour,
Et courez à Colchos étouffer votre amour.
Je vous défends surtout de revoir Isménie.
Apprenez qu'à mon sort elle doit être unie ;
Que l'hymen dès ce jour doit couronner mes feux ;
Que cet unique objet de mes plus tendres vœux

N'a que trop mérité la grandeur souveraine ;
Votre esclave autrefois, aujourd'hui votre reine.
C'est vous instruire assez que mes transports jaloux
Ne veulent point ici de témoins tels que vous.
Sortez.

SCÈNE IV.

PHARASMANE, ZÉNOBIE, sous le nom d'Isménie ; MITRANE, HYDASPE, PHÉNICE, Gardes.

ZÉNOBIE.

Et de quel droit votre jalouse flamme
Prétend-elle à ses vœux assujettir mon ame ?
Vous m'offrez vainement la suprême grandeur :
Ce n'est pas à ce prix qu'on obtiendra mon cœur.
D'ailleurs, que savez-vous, seigneur, si l'hyménée
N'auroit point à quelque autre uni ma destinée ?
Savez-vous si le sang à qui je dois le jour
Me permet d'écouter vos vœux et votre amour ?

PHARASMANE.

Je ne sais en effet quel sang vous a fait naître :
Mais, fût-il aussi beau qu'il mérite de l'être,
Le nom de Pharasmane est assez glorieux
Pour oser s'allier au sang même des dieux.
En vain à vos rigueurs vous joignez l'artifice :
Vains détours, puisqu'enfin il faut qu'on m'obéisse.
Je n'ai rien oublié pour obtenir vos vœux ;
Moins en roi qu'en amant j'ai fait parler mes feux :

Mais mon cœur, irrité d'une fierté si vaine,
Fait agir à son tour la grandeur souveraine ;
Et, puisqu'il faut en roi m'expliquer avec vous,
Redoutez mon pouvoir, ou du moins mon courroux,
Et sachez que, malgré l'amour et sa puissance,
Les rois ne sont point faits à tant de résistance ;
Quoi que de mes transports vous vous soyez promis,
Que tout, jusqu'à l'amour, doit leur être soumis.
J'entrevois vos refus : c'est au retour d'Arsame
Que je dois le mépris dont vous payez ma flamme;
Mais craignez que vos pleurs, avant la fin du jour,
D'un téméraire fils ne vengent mon amour.

SCÈNE V.

ZÉNOBIE, PHÉNICE.

ZÉNOBIE.

Ah ! tyran, puisqu'il faut que ma tendresse agisse,
Et que de tes fureurs ma haine te punisse,
Crains que l'amour, armé de mes foibles attraits,
Ne te rende bientôt tous les maux qu'il m'a faits.
Et qu'ai-je à ménager ? Mânes de Mithridate,
N'est-il pas temps pour vous que ma vengeance éclate ?
Venez à mon secours, ombre de mon époux,
Et remplissez mon cœur de vos transports jaloux.
Vengez-vous par mes mains d'un ennemi funeste ;
Vengeons-nous-en plutôt par le fils qui lui reste.
Le crime que sur vous votre père a commis
Ne peut être expié que par son autre fils.

ACTE I, SCÈNE V.

C'est à lui que les dieux réservent son supplice :
Armons son bras vengeur. Va le trouver, Phénice :
Dis-lui qu'à sa pitié, qu'à lui seul j'ai recours ;
Mais sans me découvrir implore son secours.
Dis-lui, pour me sauver d'une injuste puissance,
Qu'il intéresse Rome à prendre ma défense ;
De son ambassadeur qu'on attend aujourd'hui,
Dans ces lieux, s'il se peut, qu'il me fasse un appui.
Fais briller à ses yeux le trône d'Arménie ;
Retrace-lui les maux de la triste Isménie ;
Par l'intérêt d'un sceptre ébranle son devoir ;
Pour l'attendrir enfin peins-lui mon désespoir.
Puisque l'amour a fait les malheurs de ma vie,
Quel autre que l'amour doit venger Zénobie ?

FIN DU PREMIER ACTE.

ACTE SECOND.

SCÈNE I.

RHADAMISTHE, HIÉRON.

HIÉRON.

Est-ce vous que je vois ? en croirai-je mes yeux ?
Rhadamisthe vivant ! Rhadamisthe en ces lieux !
Se peut-il que le ciel vous redonne à nos larmes,
Et rende à mes souhaits un jour si plein de charmes ?
Est-ce bien vous, seigneur ? et par quel heureux sort
Démentez-vous ici le bruit de votre mort ?

RHADAMISTHE.

Hiéron, plût aux dieux que la main ennemie
Qui me ravit le sceptre eût terminé ma vie !
Mais le ciel m'a laissé, pour prix de ma fureur,
Des jours qu'il a tissus de tristesse et d'horreur.
Loin de faire éclater ton zèle ni ta joie
Pour un roi malheureux que le sort te renvoie,
Ne me regarde plus que comme un furieux,
Trop digne du courroux des hommes et des dieux ;
Qu'a proscrit dès long-temps la vengeance céleste ;
De crimes, de remords assemblage funeste ;
Indigne de la vie et de ton amitié ;
Objet digne d'horreur, mais digne de pitié ;

Traître envers la nature, envers l'amour perfide,
Usurpateur, ingrat, parjure, parricide.
Sans les remords affreux qui déchirent mon cœur,
Hiéron, j'oublirois qu'il est un ciel vengeur.

HIÉRON.

J'aime à voir ces regrets que la vertu fait naître :
Mais le devoir, seigneur, est-il toujours le maître ?
Mithridate lui-même, en vous manquant de foi,
Sembloit de vous venger vous imposer la loi.

RHADAMISTHE.

Ah ! loin qu'en mes forfaits ton amitié me flatte,
Peins-moi toute l'horreur du sort de Mithridate :
Rappelle-toi ce jour et ces serments affreux
Que je souillai du sang de tant de malheureux :
S'il te souvient encor du nombre des victimes,
Compte, si tu le peux, mes remords par mes crimes.
Je veux que Mithridate, en trahissant mes feux,
Fût digne même encor d'un sort plus rigoureux ;
Que je dusse son sang à ma flamme trahie :
Mais à ce même amour qu'avoit fait Zénobie ?
Tu frémis, je le vois : ta main, ta propre main
Plongeroit un poignard dans mon perfide sein,
Si tu pouvois savoir jusqu'où ma barbarie
De ma jalouse rage a porté la furie.
Apprends tous mes forfaits, ou plutôt mes malheurs :
Mais, sans les retracer, juge-s-en par mes pleurs.

HIÉRON.

Aussi touché que vous du sort qui vous accable,
Je n'examine point si vous êtes coupable.

On est peu criminel avec tant de remords ;
Et je plains seulement vos douloureux transports.
Calmez ce désespoir où votre ame se livre,
Et m'apprenez....

RHADAMISTHE.

Comment oserai-je poursuivre ?
Comment de mes fureurs oser t'entretenir,
Quand tout mon sang se glace à ce seul souvenir ?
Sans que mon désespoir ici le renouvelle,
Tu sais tout ce qu'a fait cette main criminelle :
Tu vis comme aux autels un peuple mutiné
Me ravit le bonheur qui m'étoit destiné ;
Et, malgré les périls qui menaçoient ma vie,
Tu sais comme à leurs yeux j'enlevai Zénobie.
Inutiles efforts ! je fuyois vainement.
Peins-toi mon désespoir dans ce fatal moment.
Je voulus m'immoler ; mais Zénobie en larmes,
Arrosant de ses pleurs mes parricides armes,
Vingt fois pour me fléchir embrassant mes genoux,
Me dit ce que l'amour inspire de plus doux.
Hiéron, quel objet pour mon ame éperdue !
Jamais rien de si beau ne s'offrit à ma vue.
Tant d'attraits cependant, loin d'attendrir mon cœur,
Ne firent qu'augmenter ma jalouse fureur.
Quoi ! dis-je en frémissant, la mort que je m'apprête
Va donc à Tiridate assurer sa conquête !
Les pleurs de Zénobie irritant ce transport,
Pour prix de tant d'amour je lui donnai la mort ;
Et, n'écoutant plus rien que ma fureur extrême,
Dans l'Araxe aussitôt je la traînai moi-même.

Ce fut là que ma main lui choisit un tombeau,
Et que de notre hymen j'éteignis le flambeau.

HIÉRON.

Quel sort pour une reine à vos jours si sensible !

RHADAMISTHE.

Après ce coup affreux, devenu plus terrible,
Privé de tous les miens, poursuivi, sans secours,
A mon seul désespoir j'abandonnai mes jours.
Je me précipitai, trop indigne de vivre,
Parmi des furieux ardents à me poursuivre,
Qu'un père, plus cruel que tous mes ennemis,
Excitoit à la mort de son malheureux fils.
Enfin, percé de coups, j'allois perdre la vie,
Lorsqu'un gros de Romains, sorti de la Syrie,
Justement indigné contre ces inhumains,
M'arracha tout sanglant de leurs barbares mains.
Arrivé, mais trop tard, vers les murs d'Artaxate,
Dans le juste dessein de venger Mithridate,
Ce même Corbulon armé pour m'accabler
Conserva l'ennemi qu'il venoit immoler.
De mon funeste sort touché sans me connoître,
Ou de quelque valeur que j'avois fait paroître,
Ce Romain, par des soins dignes de son grand cœur,
Me sauva malgré moi de ma propre fureur.
Sensible à sa vertu, mais sans reconnoissance,
Je lui cachai long-temps mon nom et ma naissance;
Traînant avec horreur mon destin malheureux,
Toujours persécuté d'un souvenir affreux,
Et, pour comble de maux, dans le fond de mon ame
Brûlant plus que jamais d'une funeste flamme

Que l'amour outragé, dans mon barbare cœur,
Pour prix de mes forfaits rallume avec fureur,
Ranimant, sans espoir, pour d'insensibles cendres,
De la plus vive ardeur les transports les plus tendres
Ainsi dans les regrets, les remords et l'amour,
Craignant également et la nuit et le jour,
J'ai traîné dans l'Asie une vie importune.
Mais au seul Corbulon attachant ma fortune,
Avide de périls, et, par un triste sort,
Trouvant toujours la gloire où j'ai cherché la mort,
L'esprit sans souvenir de ma grandeur passée,
Lorsque dix ans sembloient l'en avoir effacée,
J'apprends que l'Arménie, après différents choix,
Alloit bientôt passer sous d'odieuses lois ;
Que mon père, en secret méditant sa conquête,
D'un nouveau diadème alloit ceindre sa tête.
Je sentis à ce bruit ma gloire et mon courroux
Réveiller dans mon cœur des sentiments jaloux.
Enfin à Corbulon je me fis reconnoître :
Contre un père inhumain trop irrité peut-être,
A mon tour en secret jaloux de sa grandeur,
Je me fis des Romains nommer l'ambassadeur.

HIÉRON.

Seigneur, et sous ce nom quelle est votre espérance ?
Quel projet peut ici former votre vengeance ?
Avez-vous oublié dans quel affreux danger
Vous a précipité l'ardeur de vous venger ?
Gardez-vous d'écouter un transport téméraire.
Chargé de tant d'horreurs, que prétendez-vous faire ?

ACTE II, SCÈNE I.

RHADAMISTHE.

Et que sais-je, Hiéron ? furieux, incertain
Criminel sans penchant, vertueux sans dessein,
Jouet infortuné de ma douleur extrême,
Dans l'état où je suis, me connois-je moi-même ?
Mon cœur, de soins divers sans cesse combattu,
Ennemi du forfait sans aimer la vertu,
D'un amour malheureux déplorable victime,
S'abandonne aux remords sans renoncer au crime.
Je cède au repentir, mais sans en profiter ;
Et je ne me connois que pour me détester.
Dans ce cruel séjour sais-je ce qui m'entraîne,
Si c'est le désespoir, ou l'amour, ou la haine ?
J'ai perdu Zénobie : après ce coup affreux,
Peux-tu me demander encor ce que je veux ?
Désespéré, proscrit, abhorrant la lumière,
Je voudrois me venger de la nature entière.
Je ne sais quel poison se répand dans mon cœur ;
Mais, jusqu'à mes remords, tout y devient fureur.
Je viens ici chercher l'auteur de ma misère,
Et la nature en vain me dit que c'est mon père.
Mais c'est peut-être ici que le ciel irrité
Veut se justifier de trop d'impunité :
C'est ici que m'attend le trait inévitable
Suspendu trop long-temps sur ma tête coupable.
Et plût aux dieux cruels que ce trait suspendu
Ne fût pas en effet plus long-temps attendu !

HIÉRON.

Fuyez, seigneur, fuyez de ce séjour funeste,
Loin d'attirer sur vous la colère céleste.

Que la nature au moins calme votre courroux :
Songez que dans ces lieux tout est sacré pour vous ;
Que s'il faut vous venger, c'est loin de l'Ibérie.
Reprenez avec moi le chemin d'Arménie.

RHADAMISTHE.

Non, non, il n'est plus temps ; il faut remplir mon sort,
Me venger, servir Rome, ou courir à la mort.
Dans ses desseins toujours à mon père contraire,
Rome de tous ses droits m'a fait dépositaire ;
Sûre, pour rétablir son pouvoir et le mien,
Contre un roi qu'elle craint, que je n'oublirai rien.
Rome veut éviter une guerre douteuse,
Pour elle contre lui plus d'une fois honteuse ;
Conserver l'Arménie, ou, par des soins jaloux,
En faire un vrai flambeau de discorde entre nous.
Par un don de César je suis roi d'Arménie,
Parcequ'il croit par moi détruire l'Ibérie.
Les fureurs de mon père ont assez éclaté
Pour que Rome entre nous ne craigne aucun traité.
Tels sont les hauts projets dont sa grandeur se pique.
Des Romains si vantés telle est la politique :
C'est ainsi qu'en perdant le père par le fils
Rome devient fatale à tous ses ennemis.
Ainsi, pour affermir une injuste puissance,
Elle ose confier ses droits à ma vengeance,
Et, sous un nom sacré, m'envoyer en ces lieux,
Moins comme ambassadeur, que comme un furieux
Qui, sacrifiant tout au transport qui le guide,
Peut porter sa fureur jusques au parricide.

J'entrevois ses desseins ; mais mon cœur irrité
Se livre au désespoir dont il est agité.
C'est ainsi qu'ennemi de Rome et des Ibères,
Je revois aujourd'hui le palais de mes pères.

HIÉRON.

Député comme vous, mais par un autre choix,
L'Arménie à mes soins a confié ses droits :
Je venois de sa part offrir à votre frère
Un trône où malgré nous veut monter votre père ;
Et je viens annoncer à ce superbe roi
Qu'en vain à l'Arménie il veut donner la loi.
Mais ne craignez-vous pas que malgré votre absence....

RHADAMISTHE.

Le roi ne m'a point vu dès ma plus tendre enfance ;
Et la nature en lui ne parle point assez
Pour rappeler des traits dès long-temps effacés.
Je n'ai craint que tes yeux ; et sans mes soins peut-être,
Malgré ton amitié, tu m'allois méconnoître.
Le roi vient. Que mon cœur, à ce fatal abord,
A de peine à domter un funeste transport !
Surmontons cependant toute sa violence,
Et d'un ambassadeur employons la prudence.

SCÈNE II.

PHARASMANE, RHADAMISTHE, HIÉRON,
MITRANE, HYDASPE, Gardes.

RHADAMISTHE.

Un peuple triomphant, maître de tant de rois,
Qui vers vous en ces lieux daigne emprunter ma voix,

3.

De vos desseins secrets instruit comme vous-même,
Vous annonce aujourd'hui sa volonté suprême.
Ce n'est pas que Néron, de sa grandeur jaloux,
Ne sache ce qu'il doit à des rois tels que vous :
Rome n'ignore pas à quel point la victoire
Parmi les noms fameux élève votre gloire :
Ce peuple enfin si fier, et tant de fois vainqueur,
N'en admire pas moins votre haute valeur.
Mais vous savez aussi jusqu'où va sa puissance :
Ainsi gardez-vous bien d'exciter sa vengeance.
Alliée, ou plutôt sujette des Romains,
De leur choix l'Arménie attend ses souverains.
Vous le savez, seigneur ; et du pied du Caucase
Vos soldats cependant s'avancent vers le Phase ;
Le Cyrus, sur ses bords chargés de combattants,
Fait voir de toutes parts vos étendards flottants.
Rome, de tant d'apprêts qui s'indigne et se lasse,
N'a point accoutumé les rois à tant d'audace.
Quoique Rome, peut-être au mépris de ses droits,
N'ait point interrompu le cours de vos exploits,
Qu'elle ait abandonné Tigrane et la Médie,
Elle ne prétend point vous céder l'Arménie.
Je vous déclare donc que César ne veut pas
Que vers l'Araxe enfin vous adressiez vos pas.

PHARASMANE.

Quoique d'un vain discours je brave la menace,
Je l'avoûrai, je suis surpris de votre audace.
De quel front osez-vous, soldat de Corbulon,
M'apporter dans ma cour les ordres de Néron ?

ACTE II, SCÈNE II.

Et depuis quand croit-il qu'au mépris de ma gloire,
A ne plus craindre Rome instruit par la victoire,
Oubliant désormais la suprême grandeur,
J'aurai plus de respect pour son ambassadeur;
Moi qui, formant au joug des peuples invincibles,
Ai tant de fois bravé ces Romains si terribles;
Qui fais trembler encor ces fameux souverains,
Ces Parthes aujourd'hui la terreur des Romains?
Ce peuple triomphant n'a point vu mes images
A la suite d'un char en butte à ses outrages.
La honte que sur lui répandent mes exploits
D'un airain orgueilleux a bien vengé les rois.
Mais quel soin vous conduit en ce pays barbare?
Est-ce la guerre enfin que Néron me déclare?
Qu'il ne s'y trompe pas : la pompe de ces lieux,
Vous le voyez assez, n'éblouit point les yeux :
Jusques aux courtisans qui me rendent hommage,
Mon palais, tout ici n'a qu'un faste sauvage :
La nature, marâtre en ces affreux climats,
Ne produit, au lieu d'or, que du fer, des soldats :
Son sein tout hérissé n'offre aux désirs de l'homme
Rien qui puisse tenter l'avarice de Rome.
Mais, pour trancher ici d'inutiles discours,
Rome de mes projets veut traverser le cours :
Et pourquoi, s'il est vrai qu'elle en soit informée,
N'a-t-elle pas encore assemblé son armée?
Que font vos légions? Ces superbes vainqueurs
Ne combattent-ils plus que par ambassadeurs?
C'est la flamme à la main qu'il faut dans l'Ibérie
Me distraire du soin d'entrer dans l'Arménie,

Non par de vains discours indignes des Romains,
Quand je vais par le fer m'en ouvrir les chemins,
Et peut-être bien plus, dédaignant Artaxate,
Défier Corbulon jusqu'aux bords de l'Euphrate.

HIÉRON.

Quand même les Romains, attentifs à nos lois,
S'en remettroient à nous pour le choix de nos rois,
Seigneur, n'espérez pas, au gré de votre envie,
Faire en votre faveur expliquer l'Arménie.
Les Parthes envieux, et les Romains jaloux,
De toutes parts bientôt armeroient contre nous.
L'Arménie, occupée à pleurer sa misère,
Ne demande qu'un roi qui lui serve de père :
Nos peuples désolés n'ont besoin que de paix ;
Et sous vos lois, seigneur, nous ne l'aurions jamais.
Vous avez des vertus qu'Artaxate respecte :
Mais votre ambition n'en est pas moins suspecte ;
Et nous ne soupirons qu'après des souverains
Indifférents au Parthe, et soumis aux Romains.
Sous votre empire enfin prétendre nous réduire,
C'est moins nous conquérir, que vouloir nous détruire.

PHARASMANE.

Dans ce discours rempli de prétextes si vains,
Dicté par la raison moins que par les Romains,
Je n'entrevois que trop l'intérêt qui vous guide.
Eh bien ! puisqu'on le veut, que la guerre en décide.
Vous apprendrez bientôt qui de Rome ou de moi
Dut prétendre, seigneur, à vous donner la loi,
Et, malgré vos frayeurs et vos fausses maximes,
Si quelque autre eut sur vous des droits plus légitimes.

ACTE II, SCÈNE II.

Et qui doit succéder à mon frère, à mon fils ?
A qui des droits plus saints ont-ils été transmis ?

RHADAMISTHE.

Qui ? vous, seigneur, qui seul causâtes leur ruine !
Ah ! doit-on hériter de ceux qu'on assassine ?

PHARASMANE.

Qu'entends-je ? dans ma cour on ose m'insulter !
Holà, gardes....

HIÉRON, à Pharasmane.

Seigneur, qu'osez-vous attenter ?

PHARASMANE à Rhadamisthe.

Rendez graces au nom dont Neron vous honore :
Sans ce nom si sacré, que je respecte encore,
En dussé-je périr, l'affront le plus sanglant
Me vengeroit bientôt d'un ministre insolent.
Malgré la dignité de votre caractère,
Croyez-moi cependant, évitez ma colère.
Retournez dès ce jour apprendre à Corbulon
Comme on reçoit ici les ordres de Néron.

SCÈNE III.

RHADAMISTHE, HIÉRON.

HIÉRON.

Qu'avez-vous fait, seigneur ? quand vous devez tout craindre...

RHADAMISTHE.

Hiéron, que veux-tu ? je n'ai pu me contraindre.
D'ailleurs, en l'aigrissant j'assure mes desseins :
Par un pareil éclat j'en impose aux Romains.

Pour remplir les projets que Rome me confie,
Il ne me reste plus qu'à troubler l'Ibérie,
Qu'à former un parti qui retienne en ces lieux
Un roi que ses exploits rendent trop orgueilleux.
Indociles au joug que Pharasmane impose,
Rebutés de la guerre où lui seul les expose,
Ses sujets en secret sont tous ses ennemis :
Achevons contre lui d'irriter les esprits ;
Et, pour mieux me venger des fureurs de mon père,
Tâchons dans nos desseins d'intéresser mon frère.
Je sais un sûr moyen pour surprendre sa foi :
Dans le crime du moins engageons-le avec moi.
Un roi, père cruel et tyran tout ensemble,
Ne mérite en effet qu'un sang qui lui ressemble.

FIN DU SECOND ACTE.

ACTE TROISIÈME.

SCÈNE I.

RHADAMISTHE.

Mon frère me demande un secret entretien !
Dieux ! me connoîtroit-il ? Quel dessein est le sien ?
N'importe, il faut le voir. Je sens que ma vengeance
Commence à se flatter d'une douce espérance.
Il ne peut en secret s'exposer à me voir,
Que réduit par un père à trahir son devoir.
On ouvre.... Je le vois.... Malheureuse victime !
Je ne suis pas le seul qu'un roi cruel opprime.

SCÈNE II.
RHADAMISTHE, ARSAME.

ARSAME.

Si j'en crois le courroux qui se lit dans ses yeux,
Peu content des Romains le roi quitte ces lieux :
Je connois trop l'orgueil du sang qui m'a fait naître,
Pour croire qu'à son tour Rome ait sujet de l'être.
Seigneur, sans abuser de votre dignité,
Puis-je sur ce soupçon parler en sûreté ?
Puis-je espérer que Rome exauce ma prière,
Et ne confonde point le fils avec le père ?

RHADAMISTHE.

Quoiqu'il ait violé le respect qui m'est dû,
Attendez tout de Rome et de votre vertu.
Ce n'est pas d'aujourd'hui que Rome la respecte.

ARSAME.

Ah ! que cette vertu va vous être suspecte !
Que je crains de détruire en ce même entretien
Tout ce que vous pensez d'un cœur comme le mien !
En effet, quel que soit le regret qui m'accable,
Je sens bien que ce cœur n'en est pas moins coupable ;
Et, de quelques remords que je sois combattu,
Qu'avec plus d'appareil c'est trahir ma vertu.
Dès qu'entre Rome et nous la guerre se déclare,
Que même avec éclat mon père s'y prépare,
Je sais que je ne puis vous parler ni vous voir,
Sans trahir à-la-fois mon père et mon devoir :
Je le sais ; cependant, plus criminel encore,
C'est votre pitié seule aujourd'hui que j'implore.
Un père rigoureux, de mon bonheur jaloux,
Me force en ce moment d'avoir recours à vous.
Pour me justifier, lorsque tout me condamne,
Je ne veux point, seigneur, vous peignant Pharasmane,
Répandre sur sa vie un venin dangereux.
Non ; quoiqu'il soit pour moi si fier, si rigoureux,
Quoique de son courroux je sois seul la victime,
Il n'en est pas pour moi moins grand, moins magnanime.
La nature, il est vrai, d'avec ses ennemis
N'a jamais dans son cœur su distinguer ses fils.
Je ne suis pas le seul de ce sang invincible
Qu'ait proscrit en naissant sa rigueur inflexible.

ACTE III, SCÈNE II.

J'eus un frère, seigneur, illustre et généreux,
Digne par sa valeur du sort le plus heureux.
Que je regrette encor sa triste destinée !
Et jamais il n'en fut de plus infortunée.
Un père, conjuré contre son propre sang,
Lui-même lui porta le couteau dans le flanc.
De ce jeune héros partageant la disgrace,
Peut-être qu'aujourd'hui même sort me menace :
Plus coupable en effet, n'en attends-je pas moins.
Mais ce n'est pas, seigneur, le plus grand de mes soins ;
Non, la mort désormais n'a rien qui m'intimide :
Qu'un soin bien différent et m'agite et me guide !

RHADAMISTHE.

Quels que soient vos desseins, vous pouvez sans effroi,
Sûr d'un appui sacré, vous confier à moi.
Plus indigné que vous contre un barbare père,
Je sens à son nom seul redoubler ma colère.
Touché de vos vertus, et tout entier à vous,
Sans savoir vos malheurs, je les partage tous.
Vous calmeriez bientôt la douleur qui vous presse,
Si vous saviez pour vous jusqu'où je m'intéresse.
Parlez, prince : faut-il contre un père inhumain
Armer avec éclat tout l'empire romain ?
Soyez sûr qu'avec vous mon cœur d'intelligence
Ne respire aujourd'hui qu'une même vengeance.
S'il ne faut qu'attirer Corbulon en ces lieux,
Quels que soient vos projets, j'ose attester les dieux
Que nous aurons bientôt satisfait votre envie,
Fallût-il pour vous seul conquérir l'Arménie.

Crébillon. 2.

ARSAME.

Que me proposez-vous ? quels conseils ! Ah ! seigneur,
Que vous pénétrez mal dans le fond de mon cœur !
Qui ? moi ! que, trahissant mon père et ma patrie,
J'attire les Romains au sein de l'Ibérie !
Ah ! si jusqu'à ce point il faut trahir ma foi,
Que Rome en ce moment n'attende rien de moi :
Je n'en exige rien, dès qu'il faut par un crime
Acheter un bienfait que j'ai cru légitime ;
Et je vois bien, seigneur, qu'il me faut aujourd'hui
Pour des infortunés chercher un autre appui.
Je croyois, ébloui de ses titres suprêmes,
Rome utile aux mortels autant que les dieux mêmes.
Et, pour en obtenir un secours généreux,
J'ai cru qu'il suffisoit que l'on fût malheureux.
J'ose le croire encore ; et, sur cette espérance,
Souffrez que des Romains j'implore l'assistance.
C'est pour une captive asservie à nos lois,
Qui, pour vous attendrir, a recours à ma voix :
C'est pour une captive aimable, infortunée,
Digne par ses appas d'une autre destinée.
Enfin, par ses vertus à juger de son rang,
On ne sortit jamais d'un plus illustre sang.
C'est vous instruire assez de sa haute naissance,
Que d'intéresser Rome à prendre sa défense.
Elle veut même ici vous parler sans témoins ;
Et jamais on ne fut plus digne de vos soins.
Pharasmane, entraîné par un amour funeste,
Veut me ravir, seigneur, ce seul bien qui me reste,

ACTE III, SCÈNE II.

Le seul où je faisois consister mon bonheur,
Et le seul que pouvoit lui disputer mon cœur.
Ce n'est pas que, plus fier d'un secours que j'espère,
Je prétende à mon tour l'enlever à mon père :
Quand même il cèderoit sa captive à mes feux,
Mon sort n'en seroit pas plus doux ni plus heureux.
Je ne veux qu'éloigner cet objet que j'adore,
Et même sans espoir de le revoir encore.

RHADAMISTHE.

Suivi de peu des miens, sans pouvoir où je suis,
Vous offrir un asile est tout ce que je puis.

ARSAME.

Et tout ce que je veux : mon ame est satisfaite.
Je vais tout disposer, seigneur, pour sa retraite.
Je ne sais; mais, pressé d'un mouvement secret,
J'abandonne Isménie avec moins de regret :
Pour calmer la douleur de mon ame inquiète,
Il suffit qu'en vos mains Arsame la remette.
Encor si je pouvois, aux dépens de mes jours,
M'acquitter envers vous d'un généreux secours !
Mais je ne puis offrir, dans mon malheur extrême,
Pour prix d'un tel bienfait, que le bienfait lui-même.

RHADAMISTHE.

Je n'en demande pas, cher prince, un prix plus doux :
Il est digne de moi, s'il n'est digne de vous.
Souffrez que désormais je vous serve de frère.
Que je vous plains d'avoir un si barbare père !
Mais de ses vains transports pourquoi vous alarmer ?
Pourquoi quitter l'objet qui vous a su charmer ?

Daignez me confier et son sort et le vôtre ;
Dans un asile sûr suivez-moi l'un et l'autre.
Sensible à ses malheurs, je ne puis sans effroi
Abandonner Arsame aux fureurs de son roi.
Prince, vous dédaignez un conseil qui vous blesse :
Mais si vous connoissiez celui qui vous en presse....

ARSAME.

Donnez-moi des conseils qui soient plus généreux,
Dignes de mon devoir, et dignes de tous deux.
Le roi doit dès demain partir pour l'Arménie :
Il s'agit à ses vœux d'enlever Isménie.
Mon père en ce moment peut l'éloigner de nous,
Et sa captive en pleurs n'espère plus qu'en vous.
Déjà sur vos bontés pleine de confiance,
Elle attend votre vue avec impatience.
Adieu, seigneur, adieu : je craindrois de troubler
Des secrets qu'à vous seul elle veut révéler.

SCÈNE III.

RHADAMISTHE.

Ainsi, père jaloux, père injuste et barbare,
C'est contre tout ton sang que ton cœur se déclare !
Crains que ce même sang, tant de fois dédaigné,
Ne se soulève enfin, de sa source indigné,
Puisque déjà l'amour, maître du cœur d'Arsame,
Y verse le poison d'une mortelle flamme.
Quel que soit le respect de ce vertueux fils,
Est-il quelques rivaux qui ne soient ennemis ?
Non, il n'est point de cœur si grand, si magnanime,
Qu'un amour malheureux n'entraîne dans le crime.

Mais je prétends en vain l'armer contre son roi :
Mon frère n'est pas fait au crime comme moi.
Méritois-tu, barbare, un fils aussi fidèle ?
Ta rigueur semble encore en accroître le zèle :
Rien ne peut ébranler son devoir ni sa foi ;
Et toujours plus soumis.... Quel exemple pour moi !
Dieux, de tant de vertus n'ornez-vous donc mon frère
Que pour me rendre seul trop semblable à mon père ?
Que prétend la fureur dont je suis combattu ?
D'un fils respectueux séduire la vertu ?
Imitons-la plutôt, cédons à la nature :
N'en ai-je pas assez étouffé le murmure ?
Que dis-je ? dans mon cœur, moins rebelle à ses lois,
Dois-je plutôt qu'un père en écouter la voix ?
Pères cruels, vos droits ne sont-ils pas les nôtres ?
Et nos devoirs sont-ils plus sacrés que les vôtres ?
On vient : c'est Hiéron.

SCÈNE IV.
RHADAMISTHE, HIÉRON.

RHADAMISTHE.

　　　　　　　　　Cher ami, c'en est fait ;
Mes efforts redoublés ont été sans effet.
Tout malheureux qu'il est, le vertueux Arsame,
Presque sans murmurer, voit traverser sa flamme :
Et qu'en attendre encor quand l'amour n'y peut rien ?
Hiéron, que son cœur est différent du mien !
J'ai perdu tout espoir de troubler l'Ibérie,
Et le roi va bientôt partir pour l'Arménie.

Devançons-y ses pas, et courons achever
Des forfaits que le sort semble me réserver.
Pour partir avec toi je n'attends qu'Isménie.
Tu sais qu'à Pharasmane elle doit être unie.

HIÉRON.

Quoi ! seigneur....

RHADAMISTHE.

Elle peut servir à mes desseins.
Elle est d'un sang, dit-on, allié des Romains.
Pourrois-je refuser à mon malheureux frère
Un secours qui commence à me la rendre chère?
D'ailleurs, pour l'enlever ne me suffit-il pas
Que mon père cruel brûle pour ses appas?
C'est un garant pour moi : je veux ici l'attendre.
Daigne observer des lieux où l'on peut nous surprendre.
Adieu; je crois la voir : favorise mes soins,
Et me laisse avec elle un moment sans témoins.

SCÈNE V.

RHADAMISTHE, ZÉNOBIE.

ZÉNOBIE.

Seigneur, est-il permis à des infortunées,
Qu'au joug d'un fier tyran le sort tient enchaînées,
D'oser avoir recours, dans la honte des fers,
A ces mêmes Romains maîtres de l'univers?
En effet, quel emploi pour ces maîtres du monde
Que le soin d'adoucir ma misère profonde?

ACTE III, SCÈNE V.

Le ciel, qui soumit tout à leurs augustes lois....

RHADAMISTHE.

Que vois-je? Ah malheureux! quels traits! quel son de voix!
Justes dieux, quel objet offrez-vous à ma vue?

ZÉNOBIE.

D'où vient à mon aspect que votre ame est émue,
Seigneur?

RHADAMISTHE, à part.

Ah! si ma main n'eût pas privé du jour....

ZÉNOBIE.

Qu'entends-je? quels regrets? et que vois-je à mon tour?
Triste ressouvenir! Je frémis, je frissonne.
Où suis-je? et quel objet! La force m'abandonne.
Ah! seigneur, dissipez mon trouble et ma terreur :
Tout mon sang s'est glacé jusqu'au fond de mon cœur.

RHADAMISTHE, à part.

Ah! je n'en doute plus au transport qui m'anime.
Ma main, n'as-tu commis que la moitié du crime?
(à Zénobie.)
Victime d'un cruel contre vous conjuré,
Triste objet d'un amour jaloux, désespéré,
Que ma rage a poussé jusqu'à la barbarie,
Après tant de fureurs, est-ce vous, Zénobie?

ZÉNOBIE.

Zénobie! ah grands dieux! Cruel, mais cher époux,
Après tant de malheurs, Rhadamisthe, est-ce vous?

RHADAMISTHE.

Se peut-il que vos yeux le puissent méconnoître?
Oui, je suis ce cruel, cet inhumain, ce traître,

Cet époux meurtrier. Plût au ciel qu'aujourd'hui
Vous eussiez oublié ses crimes avec lui !
O dieux, qui la rendez à ma douleur mortelle,
Que ne lui rendez-vous un époux digne d'elle !
Par quel bonheur le ciel, touché de mes regrets,
Me permet-il encor de revoir tant d'attraits ?
Mais, hélas ! se peut-il qu'à la cour de mon père
Je trouve dans les fers une épouse si chère ?
Dieux ! n'ai-je pas assez gémi de mes forfaits,
Sans m'accabler encor de ces tristes objets ?
O de mon désespoir victime trop aimable,
Que tout ce que je vois rend votre époux coupable !
Quoi ! vous versez des pleurs !

ZÉNOBIE.

Malheureuse ! eh ! comment
N'en répandrois-je pas dans ce fatal moment ?
Ah ! cruel, plût aux dieux que ta main ennemie
N'eût jamais attenté qu'aux jours de Zénobie !
Le cœur à ton aspect désarmé de courroux,
Je ferois mon bonheur de revoir mon époux ;
Et l'amour, s'honorant de ta fureur jalouse,
Dans tes bras avec joie eût remis ton épouse.
Ne crois pas cependant que, pour toi sans pitié,
Je puisse te revoir avec inimitié.

RHADAMISTHE.

Quoi ! loin de m'accabler, grands dieux ! c'est Zénobie
Qui craint de me haïr, et qui s'en justifie !
Ah ! punis-moi plutôt : ta funeste bonté,
Même en me pardonnant, tient de ma cruauté.

N'épargne point mon sang, cher objet que j'adore;
Prive-moi du bonheur de te revoir encore.
(Il se jette à ses genoux.)
Faut-il, pour t'en presser, embrasser tes genoux?
Songe au prix de quel sang je devins ton époux :
Jusques à mon amour, tout veut que je périsse.
Laisser le crime en paix, c'est s'en rendre complice.
Frappe : mais souviens-toi que, malgré ma fureur,
Tu ne sortis jamais un moment de mon cœur;
Que, si le repentir tenoit lieu d'innocence,
Je n'exciterois plus ni haine ni vengeance;
Que, malgré le courroux qui te doit animer,
Ma plus grande fureur fut celle de t'aimer.

ZÉNOBIE.

Lève-toi : c'en est trop. Puisque je te pardonne,
Que servent les regrets où ton cœur s'abandonne?
Va, ce n'est pas à nous que les dieux ont remis
Le pouvoir de punir de si chers ennemis.
Nomme-moi les climats où tu souhaites vivre :
Parle, dès ce moment je suis prête à te suivre,
Sûre que les remords qui saisissent ton cœur
Naissent de ta vertu plus que de ton malheur.
Heureuse si pour toi les soins de Zénobie
Pouvoient un jour servir d'exemple à l'Arménie,
La rendre comme moi soumise à ton pouvoir,
Et l'instruire du moins à suivre son devoir!

RHADAMISTHE.

Juste ciel! se peut-il que des nœuds légitimes
Avec tant de vertus unissent tant de crimes;

Que l'hymen associe au sort d'un furieux
Ce que de plus parfait firent naître les dieux ?
Quoi ! tu peux me revoir sans que la mort d'un père,
Sans que mes cruautés, ni l'amour de mon frère,
Ce prince, cet amant si grand, si généreux,
Te fassent détester un époux malheureux ?
Et je puis me flatter qu'insensible à sa flamme
Tu dédaignes les vœux du vertueux Arsame ?
Que dis-je ? trop heureux que pour moi dans ce jour
Le devoir dans ton cœur me tienne lieu d'amour !

ZÉNOBIE.

Calme les vains soupçons dont ton ame est saisie,
Ou cache-m'en du moins l'indigne jalousie ;
Et souviens-toi qu'un cœur qui peut te pardonner
Est un cœur que sans crime on ne peut soupçonner.

RHADAMISTHE.

Pardonne, chère épouse, à mon amour funeste ;
Pardonne des soupçons que tout mon cœur déteste.
Plus ton barbare époux est indigne de toi,
Moins tu dois t'offenser de son injuste effroi.
Rends-moi ton cœur, ta main, ma chère Zénobie ;
Et daigne dès ce jour me suivre en Arménie :
César m'en a fait roi. Viens me voir désormais
A force de vertus effacer mes forfaits.
Hiéron est ici : c'est un sujet fidèle ;
Nous pouvons confier notre fuite à son zèle.
Aussitôt que la nuit aura voilé les cieux,
Sûre de me revoir, viens m'attendre en ces lieux.

ACTE III, SCÈNE V.

Adieu : n'attendons pas qu'un ennemi barbare,
Quand le ciel nous rejoint, pour jamais nous sépare.
Dieux, qui me la rendez pour combler mes souhaits,
Daignez me faire un cœur digne de vos bienfaits !

FIN DU TROISIÈME ACTE.

ACTE QUATRIÈME.

SCÈNE I.

ZÉNOBIE, PHÉNICE.

PHÉNICE.

Ah ! madame, arrêtez. Quoi ! ne pourrai-je apprendre
Qui fait couler les pleurs que je vous vois répandre ?
Après tant de secrets confiés à ma foi,
En avez-vous encor qui ne soient pas pour moi ?
Arsame va partir : vous soupirez, madame !
Plaindriez-vous le sort du généreux Arsame?
Fait-il couler les pleurs dont vos yeux sont baignés ?
Il part ; et, prévenu que vous le dédaignez,
Ce prince malheureux, banni de l'Ibérie,
Va pleurer à Colchos la perte d'Isménie.

ZÉNOBIE.

Loin de te confier mes coupables douleurs,
Que n'en puis-je effacer la honte par mes pleurs !
Phénice, laisse-moi ; je ne veux plus t'entendre.
L'ambassadeur romain près de moi va se rendre :
Laisse-moi seule.

SCÈNE II.

ZÉNOBIE.

Où vais-je ? et quel est mon espoir ?
Imprudente ! où m'entraîne un aveugle devoir ?
Je devance la nuit ; pour qui ? pour un parjure
Qu'a proscrit dans mon cœur la voix de la nature ;
Ai-je donc oublié que sa barbare main
Fit tomber tous les miens sous un fer assassin ?....
Que dis-je ? Le cœur plein de feux illégitimes,
Ai-je assez de vertu pour lui trouver des crimes ?
Et me paroîtroit-il si coupable en ce jour,
Si je ne brûlois pas d'un criminel amour ?
Étouffons sans regret une honteuse flamme ;
C'est à mon époux seul à régner sur mon ame :
Tout barbare qu'il est, c'est un présent des dieux,
Qu'il ne m'est pas permis de trouver odieux.
Hélas ! malgré mes maux, malgré sa barbarie,
Je n'ai pu le revoir sans en être attendrie.
Que l'hymen est puissant sur les cœurs vertueux !
On vient. Dieux, quel objet offrez-vous à mes yeux !

SCÈNE III.

ZÉNOBIE, ARSAME.

ARSAME.

Eh quoi ! je vous revois ! c'est vous-même, madame !
Quel dieu vous rend aux vœux du malheureux Arsame ?

ZÉNOBIE.

Ah ! fuyez-moi, seigneur ; il y va de vos jours.

ARSAME.

Dût mon père cruel en terminer le cours,
Hélas ! quand je vous perds, adorable Isménie,
Voudrois-je prendre encor quelque part à la vie ?
Accablé de mes maux, je ne demande aux dieux
Que la triste douceur d'expirer à vos yeux.
Le cœur aussi touché de perdre ce que j'aime,
Que si vous répondiez à mon amour extrême,
Je ne veux que mourir. Je vois couler des pleurs !
Madame, seriez-vous sensible à mes malheurs ?
Le sort le plus affreux n'a plus rien qui m'étonne.

ZÉNOBIE.

Ah ! loin qu'à votre amour votre cœur s'abandonne,
Vous voyez et mon trouble et l'état où je suis.
Seigneur, ayez pitié de mes mortels ennuis :
Fuyez ; n'irritez point le tourment qui m'accable.
Vous avez un rival, mais le plus redoutable.
Ah ! s'il vous surprenoit en ce funeste lieu,
J'en mourrois de douleur. Adieu, seigneur, adieu.
Si sur vous ma prière eut jamais quelque empire,
Loin d'en croire aux transports que l'amour vous inspire....

ARSAME.

Quel est donc ce rival si terrible pour moi ?
En ai-je à craindre encor quelque autre que le roi ?

ZÉNOBIE.

Sans vouloir pénétrer un si triste mystère,
N'en est-ce pas assez, seigneur, que votre père ?

Fuyez, prince, fuyez; rendez-vous à mes pleurs :
Satisfait de me voir sensible à vos malheurs,
Partez, éloignez-vous, trop généreux Arsame.

ARSAME.

Un infidèle ami trahiroit-il ma flamme ?
Dieux ! quel trouble s'élève en mon cœur alarmé !
Quoi ! toujours des rivaux, et n'être point aimé !
Belle Isménie, en vain vous voulez que je fuie;
Je ne le puis, dussé-je en perdre ici la vie.
Je vois couler des pleurs qui ne sont pas pour moi !
Quel est donc ce rival ? Dissipez mon effroi.
D'où vient qu'en ce palais je vous retrouve encore?
Me refuseroit-on un secours que j'implore ?
Les perfides Romains m'ont-ils manqué de foi ?
Ah ! daignez m'éclaircir du trouble où je vous voi.
Parlez, ne craignez pas de lasser ma constance.
Quoi ! vous ne romprez point ce barbare silence ?
Tout m'abandonne-t-il en ce funeste jour ?
Dieux ! est-on sans pitié, pour être sans amour ?

ZÉNOBIE.

Eh bien ! seigneur, eh bien ! il faut vous satisfaire :
Je me dois plus qu'à vous cet aveu nécessaire.
Ce seroit mal répondre à vos soins généreux,
Que d'abuser encor votre amour malheureux.
Le sort a disposé de la main d'Isménie.

ARSAME.

Juste ciel !

ZÉNOBIE.

Et l'époux à qui l'hymen me lie

Est ce même Romain dont vos soins aujourd'hui
Ont imploré pour moi le secours et l'appui.

ARSAME.

Ah ! dans mon désespoir, fût-ce César lui-même....

ZÉNOBIE.

Calmez de ce transport la violence extrême.
Mais c'est trop l'exposer à votre inimitié.
Moins digne de courroux que digne de pitié,
C'est un rival, seigneur, quoique pour vous terrible,
Qui n'éprouvera point votre cœur insensible,
Qui vous est attaché par les nœuds les plus doux,
Rhadamisthe, en un mot.

ARSAME.

Mon frère ?

ZÉNOBIE.

Et mon époux.

ARSAME.

Vous Zénobie ? ô ciel ! étoit-ce dans mon ame
Où devoit s'allumer une coupable flamme ?
Après ce que j'éprouve, ah ! quel cœur désormais
Osera se flatter d'être exempt de forfaits ?
Madame, quel secret venez-vous de m'apprendre !
Réserviez-vous ce prix à l'amour le plus tendre ?

ZÉNOBIE.

J'ai résisté, seigneur, autant que je l'ai pu ;
Mais, puisque j'ai parlé, respectez ma vertu.
Mon nom seul vous apprend ce que vous devez faire ;
Mon secret échappé, votre amour doit se taire.
Mon cœur de son devoir fut toujours trop jaloux....
Quelqu'un vient. Ah ! fuyez, seigneur ; c'est mon époux.

SCÈNE IV.

RHADAMISTHE, ZÉNOBIE, ARSAME, HIÉRON.

RHADAMISTHE, à part.

Que vois-je? Quoi! mon frère.... Hiéron, va m'attendre.
D'un trouble affreux mon cœur a peine à se défendre.
(haut.)
Madame, tout est prêt : les ombres de la nuit
Effaceront bientôt la clarté qui nous luit.

ZÉNOBIE.

Seigneur, puisqu'à vos soins désormais je me livre,
Rien ne m'arrête ici ; je suis prête à vous suivre.
Seul maître de mon sort, quels que soient les climats
Où le ciel avec vous veuille guider mes pas,
Vous pouvez ordonner, je vous suis.

RHADAMISTHE, à part.

Ah perfide !

(à Arsame.)
Prince, je vous ai cru parti pour la Colchide.
Trop instruit des transports d'un père furieux,
Je ne m'attendois pas à vous voir en ces lieux :
Mais, si près de quitter pour jamais Isménie,
Vous vous occupez peu du soin de votre vie ;
Et d'un père cruel quel que soit le courroux,
On s'oublie aisément en des moments si doux.

ARSAME.

Lorsqu'il faut au devoir immoler sa tendresse,
Un cœur s'alarme peu du péril qui le presse ;

Et ces moments si doux que vous me reprochez
Coûtent bien cher aux cœurs que l'amour a touchés.
Je vois trop qu'il est temps que le mien y renonce :
Quoi qu'il en soit, du moins votre cœur me l'annonce.
Mais, avant que la nuit vous éloigne de nous,
Permettez-moi, seigneur, de me plaindre de vous.
A qui dois-je imputer un discours qui me glace ?
Qui peut d'un tel accueil m'attirer la disgrace ?
Ce jour même, ce jour, il me souvient qu'ici
Votre vive amitié ne parloit pas ainsi.
Ce rival qu'avec soin on me peint inflexible
N'est pas de mes rivaux, seigneur, le plus terrible ;
Et, malgré son courroux, il en est aujourd'hui,
Pour mes feux et pour moi, de plus cruels que lui.
Ce discours vous surprend : il n'est plus temps de feindre ;
La nature en mon cœur ne peut plus se contraindre.
Ah ! seigneur, plût aux dieux qu'avec la même ardeur
Elle eût pu s'expliquer au fond de votre cœur !
On ne m'eût point ravi, sous un cruel mystère,
La douceur de connoître et d'embrasser mon frère.
Ne vous dérobez point à mes embrassements :
Pourquoi troubler, seigneur, de si tendres moments ?
Ah ! revenez à moi sous un front moins sévère,
Et ne m'accablez point d'une injuste colère.
Il est vrai, j'ai brûlé pour ses divins appas ;
Mais, seigneur, mais mon cœur ne la connoissoit pas.

RHADAMISTHE.

Dieux ! qu'est-ce que j'entends ? Quoi ! prince, Zénobie
Vient de vous confier le secret de ma vie !

ACTE IV, SCÈNE IV.

Ce secret de lui-même est assez important
Pour n'en point rendre ici l'aveu trop éclatant.
Vous connoissez le prix de ce qu'on vous confie,
Et je crois votre cœur exempt de perfidie.
Je ne puis cependant approuver qu'à regret
Qu'on vous ait révélé cet important secret;
Du moins sans mon aveu l'on n'a point dû le faire :
A mon exemple enfin on devoit vous le taire;
Et si j'avois voulu vous en voir éclairci,
Ma tendresse pour vous l'eût découvert ici.
Qui peut à mon secret devenir infidèle
Ne peut, quoi qu'il en soit, n'être point criminelle.
Je connois, il est vrai, toute votre vertu;
Mais mon cœur de soupçons n'est pas moins combattu.

ARSAME.

Quoi! la noire fureur de votre jalousie,
Seigneur, s'étend aussi jusques à Zénobie!
Pouvez-vous offenser....

ZÉNOBIE.

Laissez agir, seigneur,
Des soupçons en effet si dignes de son cœur.
Vous ne connoissez pas l'époux de Zénobie,
Ni les divers transports dont son ame est saisie.
Pour oser cependant outrager ma vertu,
Réponds-moi, Rhadamisthe : Et de quoi te plains-tu ?
De l'amour de ton frère? Ah barbare! quand même
Mon cœur eût pu se rendre à son amour extrême,
Le bruit de ton trépas, confirmé tant de fois,
Ne me laissoit-il pas maîtresse de mon choix ?

Que pouvoient te servir les droits d'un hyménée
Que vit rompre et former une même journée ?
Ose te prévaloir de ce funeste jour
Où tout mon sang coula pour prix de mon amour ;
Rappelle-toi le sort de ma famille entière ;
Songe au sang qu'a versé ta fureur meurtrière ;
Et considère après sur quoi tu peux fonder
Et l'amour et la foi que j'ai dû te garder.
Il est vrai que, sensible aux malheurs de ton frère,
De ton sort et du mien j'ai trahi le mystère.
J'ignore si c'est là le trahir en effet ;
Mais sache que ta gloire en fut le seul objet :
Je voulois de ses feux éteindre l'espérance,
Et chasser de son cœur un amour qui m'offense.
Mais, puisqu'à tes soupçons tu veux t'abandonner,
Connois donc tout ce cœur que tu peux soupçonner ;
Je vais par un seul trait te le faire connoître,
Et de mon sort après je te laisse le maître.
Ton frère me fut cher, je ne le puis nier ;
Je ne cherche pas même à m'en justifier :
Mais, malgré son amour, ce prince, qui l'ignore,
Sans tes lâches soupçons l'ignoreroit encore.

(à Arsame.)

Prince, après cet aveu je ne vous dis plus rien.
Vous connoissez assez un cœur comme le mien,
Pour croire que sur lui l'amour ait quelque empire.
Mon époux est vivant, ainsi ma flamme expire.
Cessez donc d'écouter un amour odieux,
Et surtout gardez-vous de paroître à mes yeux.

(à Rhadamisthe.)
Pour toi, dès que la nuit pourra me le permettre,
Dans tes mains, en ces lieux, je viendrai me remettre.
Je connois la fureur de tes soupçons jaloux;
Mais j'ai trop de vertu pour craindre mon époux.

SCÈNE V.
RHADAMISTHE, ARSAME.

RHADAMISTHE.

BARBARE que je suis ! quoi ! ma fureur jalouse
Déshonore à-la-fois mon frère et mon épouse !
Adieu, prince; je cours, honteux de mon erreur,
Aux pieds de Zénobie expier ma fureur.

SCÈNE VI.
ARSAME, seul.

CHER objet de mes vœux, aimable Zénobie,
C'en est fait, pour jamais vous m'êtes donc ravie !
Amour, cruel Amour, pour irriter mes maux,
Devois-tu dans mon sang me choisir des rivaux ?
Ah ! fuyons de ces lieux....

SCÈNE VII.
ARSAME, MITRANE, GARDES.

ARSAME.

CIEL ! que me veut Mitrane ?

MITRANE.

J'obéis à regret, seigneur; mais Pharasmane,

Dont en vain j'ai tenté de fléchir le courroux....

ARSAME.

Hé bien ?

MITRANE.

Veut qu'en ces lieux je m'assure de vous.
Souffrez....

ARSAME.

Je vous entends. Et quel est donc mon crime ?

MITRANE.

J'en ignore la cause, injuste ou légitime :
Mais je crains pour vos jours; et les transports du roi
N'ont jamais dans mon cœur répandu plus d'effroi.
Furieux, inquiet, il s'agite, il vous nomme;
Il menace avec vous l'ambassadeur de Rome;
On vous accuse enfin d'un entretien secret.

ARSAME.

C'en est assez, Mitrane, et je suis satisfait.
O destin, à tes coups j'abandonne ma vie ;
Mais sauve, s'il se peut, mon frère et Zénobie.

FIN DU QUATRIÈME ACTE.

ACTE CINQUIÈME.

SCÈNE I.

PHARASMANE, HYDASPE, Gardes.

PHARASMANE.

Hydaspe, il est donc vrai que mon indigne fils,
Qu'Arsame est de concert avec mes ennemis ?
Quoi ! ce fils, autrefois si soumis, si fidèle,
Si digne d'être aimé, n'est qu'un traître, un rebelle !
Quoi ! contre les Romains ce fils tout mon espoir
A pu jusqu'à ce point oublier son devoir !
Perfide, c'en est trop que d'aimer Isménie,
Et que d'oser trahir ton père et l'Ibérie,
Traverser à-la-fois et ma gloire et mes feux....
Pour de moindres forfaits, ton frère malheureux....
Mais en vain tu séduis un prince téméraire,
Rome : de mes desseins ne crois pas me distraire ;
Ma défaite ou ma mort peut seule les troubler :
Un ennemi de plus ne me fait pas trembler.
Dans la juste fureur qui contre toi m'anime,
Rome, c'est ne m'offrir de plus qu'une victime.
C'est assez que mon fils s'intéresse pour toi ;
Dès qu'il faut me venger, tout est Romain pour moi.

Mais que dit Hiéron ? T'es-tu bien fait entendre ?
Sait-il enfin de moi tout ce qu'il doit attendre
S'il veut dans l'Arménie appuyer mes projets ?

HYDASPE.

Peu touché de l'espoir des plus rares bienfaits,
A vos offres, seigneur, toujours plus inflexible,
Hiéron n'a fait voir qu'un cœur incorruptible ;
Soit qu'il veuille en effet signaler son devoir,
Ou soit qu'à plus haut prix il mette son pouvoir.
Trop instruit qu'il peut seul vous servir ou vous nuire,
Je n'ai rien oublié, seigneur, pour le séduire.

PHARASMANE.

Hé bien ! c'est donc en vain qu'on me parle de paix :
Dussé-je sans honneur succomber sous le faix,
Jusque chez les Romains je veux porter la guerre,
Et de ces fiers tyrans venger toute la terre.
Que je hais les Romains ! Je ne sais quelle horreur
Me saisit au seul nom de leur ambassadeur :
Son aspect a jeté le trouble dans mon ame.
Ah ! c'est lui qui sans doute aura séduit Arsame :
Tous deux en même jour arrivés dans ces lieux....
Le traître ! C'en est trop : qu'il paroisse à mes yeux.
Mais je le vois ; il faut....

SCÈNE II.
PHARASMANE, ARSAME, HYDASPE, MITRANE, Gardes.

PHARASMANE.

Fils ingrat et perfide,
Que dis-je ? au fond du cœur peut-être parricide,

ACTE V, SCÈNE II.

Esclave de Néron, et quel est ton dessein ?
(à Hydaspe.)
Qu'on m'amène en ces lieux l'ambassadeur romain.

SCÈNE III.

PHARASMANE, ARSAME, MITRANE, GARDES.

PHARASMANE.

Traître, c'est devant lui que je veux te confondre.
Je veux savoir du moins ce que tu peux répondre ;
Je veux voir de quel œil tu pourras soutenir
Le témoin d'un complot que j'ai su prévenir ;
Et nous verrons après si ton lâche complice
Soutiendra sa fierté jusque dans le supplice.
Tu ne me vantes plus ton zèle ni ta foi.

ARSAME.

Elle n'en est pas moins sincère pour mon roi.

PHARASMANE.

Fils indigne du jour, pour me le faire croire
Fais que de tes projets je perde la mémoire.
Grands dieux, qui connoissez ma haine et mes desseins,
Ai-je pu mettre au jour un ami des Romains ?

ARSAME.

Ces reproches honteux dont en vain l'on m'accable
Ne rendront pas, seigneur, votre fils plus coupable.
Que sert de m'outrager avec indignité ?
Donnez-moi le trépas si je l'ai mérité :

Mais ne vous flattez point que tremblant pour ma vie
Jusqu'à la demander la crainte m'humilie.
Qui ne cherche en effet qu'à me faire périr
En faveur d'un rival pourroit-il s'attendrir ?
Je sais que près de vous, injuste ou légitime,
Le plus léger soupçon tint toujours lieu de crime ;
Que c'est être proscrit que d'être soupçonné ;
Que votre cœur enfin n'a jamais pardonné.
De vos transports jaloux qui pourroit me défendre,
Vous qui m'avez toujours condamné sans m'entendre ?

PHARASMANE.

Pour te justifier, eh ! que me diras-tu ?

ARSAME.

Tout ce qu'a dû pour moi vous dire ma vertu ;
Que ce fils si suspect, pour trahir sa patrie,
Ne vous fût pas venu chercher dans l'Ibérie.

PHARASMANE.

D'où vient donc aujourd'hui ce secret entretien,
S'il est vrai qu'en ces lieux tu ne médites rien ?
Quand je voue aux Romains une haine immortelle,
Voir leur ambassadeur, est-ce m'être fidèle ?
Est-ce pour le punir de m'avoir outragé,
Qu'à lui parler ici mon fils s'est engagé ?
Car il n'a point dû voir l'ennemi qui m'offense,
Que pour venger ma gloire, ou trahir ma vengeance :
Un de ces deux motifs a dû seul le guider ;
Et c'est sur l'un des deux que je dois décider.

ACTE V, SCÈNE III.

Éclaircis-moi ce point, je suis prêt à t'entendre:
Parle.

ARSAME.

Je n'ai plus rien, seigneur, à vous apprendre.
Ce n'est pas un secret qu'on puisse révéler :
Un intérêt sacré me défend de parler.

SCÈNE IV.

PHARASMANE, ARSAME, MITRANE, HYDASPE, Gardes.

HYDASPE.

L'AMBASSADEUR de Rome et celui d'Arménie....

PHARASMANE.

Hé bien ?

HYDASPE.

De ce palais enlèvent Isménie.

PHARASMANE.

Dieux ! qu'est-ce que j'entends ? Ah traître ! en est-ce assez ?
Qu'on rassemble en ces lieux mes gardes dispersés :
Allez ; dès ce moment qu'on soit prêt à me suivre.
 (à Arsame.)
Lâche ! à cet attentat n'espère pas survivre.

HYDASPE.

Vos gardes rassemblés, mais par divers chemins,
Déjà de toutes parts poursuivent les Romains.

PHARASMANE.

Rome, que ne peux-tu, témoin de leurs supplices,
De ma fureur ici recevoir les prémices !

(Il veut sortir.)

ARSAME.

Je ne vous quitte point, en dussé-je périr.
Eh bien ! écoutez-moi, je vais tout découvrir.
Ce n'est pas un Romain que vous allez poursuivre :
Loin qu'à votre courroux sa naissance le livre,
Du plus illustre sang il a reçu le jour,
Et d'un sang respecté même dans cette cour.
De vos propres regrets sa mort seroit suivie :
Ce ravisseur enfin est l'époux d'Isménie....
C'est....

PHARASMANE.

Achève, imposteur : par de lâches détours,
Crois-tu de ma fureur interrompre le cours ?

ARSAME.

Ah ! permettez du moins, seigneur, que je vous suive;
Je m'engage à vous rendre ici votre captive.

PHARASMANE.

Retire-toi, perfide, et ne réplique pas.

(à une partie de sa garde.)

Mitrane, qu'on l'arrête. Et vous, suivez mes pas.

SCÈNE V.

ARSAME, MITRANE, Gardes.

ARSAME.

Dieux, témoins des fureurs que le cruel médite,
L'abandonnerez-vous au transport qui l'agite ?

ACTE V, SCÈNE V.

Par quel destin faut-il que ce funeste jour
Charge de tant d'horreurs la nature et l'amour ?
Mais je devois parler ; le nom de fils peut-être...
Hélas ! que m'eût servi de le faire connoître ?
Loin que ce nom si doux eût fléchi le cruel,
Il n'eût fait que le rendre encor plus criminel.
Que dis-je, malheureux ? que me sert de me plaindre ?
Dans l'état où je suis, eh ! qu'ai-je encore à craindre ?
Mourons ; mais que ma mort soit utile en ces lieux
A des infortunés qu'abandonnent les dieux.
Cher ami, s'il est vrai que mon père inflexible
Aux malheurs de son fils te laisse un cœur sensible,
Dans mes derniers moments à toi seul j'ai recours.
Je ne demande point que tu sauves mes jours ;
Ne crains pas que pour eux j'ose rien entreprendre :
Mais si tu connoissois le sang qu'on va répandre,
Au prix de tout le tien tu voudrois le sauver.
Suis-moi ; que ta pitié m'aide à le conserver.
Désarmé, sans secours, suis-je assez redoutable
Pour alarmer encor ton cœur inexorable ?
Pour toute grace enfin je n'exige de toi
Que de guider mes pas sur les traces du roi.

MITRANE.

Je ne le nirai point, votre vertu m'est chère ;
Mais je dois obéir, seigneur, à votre père :
Vous prétendez en vain séduire mon devoir.

ARSAME.

Eh bien ! puisque pour moi rien ne peut t'émouvoir...

Mais, hélas! c'en est fait, et je le vois paroître.
Justes dieux, de quel sang nous avez-vous fait naître!
Ah! mon frère n'est plus!

SCÈNE VI.

PHARASMANE, ARSAME, MITRANE, HYDASPE, Gardes.

ARSAME.

Seigneur, qu'avez-vous fait?

PHARASMANE.

J'ai vengé mon injure, et je suis satisfait.
Aux portes du palais j'ai trouvé le perfide,
Que son malheur rendoit encor plus intrépide.
Un long rempart des miens expirés sous ses coups,
Arrêtant les plus fiers, glaçoit les cœurs de tous.
J'ai vu deux fois le traître, au mépris de sa vie,
Tenter, même à mes yeux, de reprendre Isménie.
L'ardeur de recouvrer un bien si précieux
L'avoit déjà deux fois ramené dans ces lieux.
A la fin, indigné de son audace extrême,
Dans la foule des siens je l'ai cherché moi-même:
Ils en ont pâli tous; et, malgré sa valeur,
Ma main a dans son sein plongé ce fer vengeur.
Va le voir expirer dans les bras d'Isménie;
Va partager le prix de votre perfidie.

ARSAME.

Quoi! seigneur, il est mort! Après ce coup affreux,
Frappez, n'épargnez plus votre fils malheureux.

(à part.)
Dieux, ne me rendiez-vous mon déplorable frère,
Que pour le voir périr par les mains de mon père ?
Mitrane, soutiens-moi.

PHARASMANE.

     D'où vient donc que son cœur
Est si touché du sort d'un cruel ravisseur ?
Le Romain dont ce fer vient de trancher la vie,
Si j'en crois ses discours, fut l'époux d'Isménie ;
Et cependant mon fils, charmé de ses appas,
Quand son rival périt, gémit de son trépas !
Qui peut lui rendre encor cette perte si chère ?
Des larmes de mon fils quel est donc le mystère ?
Mais moi-même, d'où vient qu'après tant de fureur
Je me sens malgré moi partager sa douleur ?
Par quel charme, malgré le courroux qui m'enflamme,
La pitié s'ouvre-t-elle un chemin dans mon ame ?
Quelle plaintive voix trouble en secret mes sens,
Et peut former en moi de si tristes accents ?
D'où vient que je frissonne ? et quel est donc mon crime ?
Me serois-je mépris au choix de la victime ?
Ou le sang des Romains est-il si précieux
Qu'on n'en puisse verser sans offenser les dieux ?
Par mon ambition, d'illustres destinées,
Sans pitié, sans regrets, ont été terminées ;
Et lorsque je punis qui m'avoit outragé,
Mon foible cœur craint-il de s'être trop vengé ?
D'où peut naître le trouble où son trépas me jette ?
Je ne sais ; mais sa mort m'alarme et m'inquiète.

Quand j'ai versé le sang de ce fier ennemi,
Tout le mien s'est ému, j'ai tremblé, j'ai frémi.
Il m'a même paru que ce Romain terrible,
Devenu tout-à-coup à sa perte insensible,
Avare de mon sang quand je versois le sien,
Aux dépens de ses jours s'est abstenu du mien.
Je rappelle en tremblant ce que m'a dit Arsame.
Éclaircissez le trouble où vous jetez mon ame,
Écoutez-moi, mon fils, et reprenez vos sens.

ARSAME.

Que vous servent, hélas ! ces regrets impuissants ?
Puissiez-vous, à jamais ignorant ce mystère,
Oublier avec lui de qui vous fûtes père !

PHARASMANE.

Ah ! c'est trop m'alarmer ; expliquez-vous, mon fils.
De quel effroi nouveau frappez-vous mes esprits !
Mais pour le redoubler dans mon ame éperdue,
Dieux puissants, quel objet offrez-vous à ma vue !

SCÈNE VII.

PHARASMANE ; RHADAMISTHE, porté par des soldats ; ZÉNOBIE, ARSAME, HIÉRON, MITRANE, HYDASPE, PHÉNICE, GARDES.

PHARASMANE.

MALHEUREUX, quel dessein te ramène en ces lieux ?
Que cherches-tu ?

RHADAMISTHE.
      Je viens expirer à vos yeux.

ACTE V, SCÈNE VII.

PHARASMANE.

Quel trouble me saisit !

RHADAMISTHE.

Quoique ma mort approche,
N'en craignez pas, seigneur, un injuste reproche.
J'ai reçu par vos mains le prix de mes forfaits :
Puissent les justes dieux en être satisfaits !
Je ne méritois pas de jouir de la vie.

(à Zénobie.)

Sèche tes pleurs, adieu, ma chère Zénobie ;
Mithridate est vengé.

PHARASMANE.

Grands dieux ! qu'ai-je entendu ?
Mithridate ! Ah ! quel sang ai-je donc répandu ?
Malheureux que je suis, puis-je le méconnoître ?
Au trouble que je sens, quel autre pourroit-ce être ?
Mais, hélas ! si c'est lui, quel crime ai-je commis !
Nature, ah ! venge-toi, c'est le sang de mon fils.

RHADAMISTHE.

La soif que votre cœur avoit de le répandre
N'a-t-elle pas suffi, seigneur, pour vous l'apprendre ?
Je vous l'ai vu poursuivre avec tant de courroux,
Que j'ai cru qu'en effet j'étois connu de vous.

PHARASMANE.

Pourquoi me le cacher ? Ah ! père déplorable !

RHADAMISTHE.

Vous vous êtes toujours rendu si redoutable,
Que jamais vos enfants, proscrits et malheureux,
N'ont pu vous regarder comme un père pour eux.

Heureux, quand votre main vous immoloit un traître,
De n'avoir point versé le sang qui m'a fait naître;
Que la nature ait pu, trahissant ma fureur,
Dans ce moment affreux s'emparer de mon cœur !
Enfin, lorsque je perds une épouse si chère,
Heureux, quoiqu'en mourant, de retrouver mon père !
Votre cœur s'attendrit, je vois couler vos pleurs.

(à Arsame.)

Mon frère, approchez-vous; embrassez-moi : je meurs.

ZÉNOBIE.

S'il faut par des forfaits que ta justice éclate,
Ciel, pourquoi vengeois-tu la mort de Mithridate ?

PHARASMANE.

O mon fils ! O Romains, êtes-vous satisfaits ?

(à Arsame.)

Vous, que pour m'en venger j'implore désormais,
Courez vous emparer du trône d'Arménie.
Avec mon amitié je vous rends Zénobie;
Je dois ce sacrifice à mon fils malheureux.
De ces lieux cependant éloignez-vous tous deux :
De mes transports jaloux mon sang doit se défendre;
Fuyez, n'exposez plus un père à le répandre.

FIN.

XERXÈS,

TRAGÉDIE,

Représentée pour la première fois le
7 février 1714.

PERSONNAGES.

XERXÈS, roi de Perse.
DARIUS, fils aîné de Xerxès.
ARTAXERCE, frère de Darius, nommé à l'empire.
AMESTRIS, princesse du sang royal de Perse.
ARTABAN, capitaine des gardes, et ministre de Xerxès.
BARSINE, fille d'Artaban.
TISSAPHERNE, confident d'Artaban.
PHÉNICE, confidente d'Amestris.
CLÉONE, confidente de Barsine.
ARSACE, officier de l'armée de Darius.
MÉRODATE, confident de Darius.
SUITE DU ROI.

La scène est à Babylone, dans le palais des rois de Perse.

XERXÈS,
TRAGÉDIE.

ACTE PREMIER.

SCÈNE I.
ARTABAN, TISSAPHERNE.

TISSAPHERNE.

C'en est donc fait, seigneur, et l'heureux Artaxerce
Va faire désormais le destin de la Perse ;
Tandis que Darius, au mépris de nos lois,
Sera sujet d'un trône où l'appeloient ses droits !
Xerxès peut à son gré disposer de l'empire ;
Quelque injuste qu'il soit, son choix doit me suffire :
Mais, sans vouloir entrer dans le secret des rois,
Le grand cœur d'Artaban approuve-t-il ce choix ?
Verra-t-il sans regret priver du diadème....

ARTABAN.
Et si de son malheur j'étois auteur moi-même ?
Je suis prêt d'éclaircir tes doutes curieux :
Mais, avant que d'ouvrir cet abime à tes yeux,
Dis-moi, d'un grand dessein te sens-tu bien capable ?
Ton ame au repentir est-elle inébranlable ?

Je connois ta valeur, j'ai besoin de ta foi ;
Tissapherne, en un mot, puis-je compter sur toi ?
Examine-toi bien ; rien encor ne t'engage.

TISSAPHERNE.

D'où peut naître, seigneur, ce soupçon qui m'outrage ?
Tant de bienfaits sur moi versés avec éclat
Vous font-ils présumer que je sois un ingrat ?

ARTABAN.

Je ne fais point pour toi ce que je voudrois faire :
Xerxès souvent lui-même a soin de m'en distraire :
Il voit notre union avec quelque regret.
Je te dirai bien plus, il te hait en secret.

TISSAPHERNE.

Ah ! seigneur, que Xerxès ou me haïsse ou m'aime,
Tissapherne pour vous sera toujours le même.
Vous pouvez disposer de mon cœur, de mon bras ;
J'affronterois pour vous le plus affreux trépas.

ARTABAN.

Ami, c'en est assez ; ne crois pas que j'en doute.
Mais prends garde qu'ici quelqu'un ne nous écoute.

TISSAPHERNE.

Ces lieux furent toujours des Perses révérés :
Nul autel n'a pour eux des titres plus sacrés.
Xerxès, par vos emplois, vous en a rendu maître :
Quel mortel, sans votre ordre, oseroit y paroître ?

ARTABAN.

N'importe : craignons tout d'un perfide séjour :
On n'observe que trop mes pareils à la cour.

Xerxès vient de nommer Artaxerce à l'empire :
C'est moi qui l'ai forcé, malgré lui, de l'élire.
J'ai fait craindre à ce roi, facile à s'alarmer,
Cent périls pour un fils qui l'a trop su charmer ;
Et, jaloux d'un héros qu'idolâtre la Perse,
J'ai fait, par mes conseils, couronner Artaxerce.
Pour mieux y réussir, j'ai pris soin d'éloigner
Celui que tant de droits destinoient à régner.
Tandis que Darius, chez des peuples barbares,
Nous force d'admirer les exploits les plus rares,
Je ne peins à Xerxès ce fils si vertueux
Qu'avide de régner, cruel, impétueux.
Du bruit de sa valeur, du prix de ses services,
D'un père qui le craint je nourris les caprices.
Enfin, tous mes projets étoient évanouis,
Si jamais sa prudence eût couronné ce fils.
Moins Artaxerce est cru digne du diadème,
Plus j'ai cru le devoir placer au rang suprême.
Avec tant de secret ce projet s'est conduit,
Qu'aucun de cette cour n'en est encore instruit ;
Et je ne prétends pas qu'elle en soit éclaircie
Que lorsque ma fureur en instruira l'Asie.
Tu vois ce qu'aujourd'hui je confie à ta foi :
Garde bien un secret si dangereux pour toi.
Va trouver cependant, ramène à Babylone
Ce prince à qui mes soins ont ravi la couronne :
Offre-lui de ma part trésors, armes, soldats :
De ma fille surtout vante-lui les appas ;
Dis-lui qu'avec plaisir mon respect lui destine
Et le bras d'Artaban et la main de Barsine.

XERXÈS.

TISSAPHERNE.

Darius, autrefois sensible à ses attraits,
M'a paru plein d'un feu qui flatte vos projets.

ARTABAN.

Non, je m'y connois mal, ou, moins ardent pour elle,
Ce prince brûle ailleurs d'une flamme infidèle.
Même avant son départ, malgré les soins du roi,
Son mépris pour Barsine a passé jusqu'à moi :
De ma feinte amitié l'adroite vigilance
N'en pouvoit plus surprendre accueil ni confidence.
Trop heureux cependant de pouvoir aujourd'hui
D'un prétexte si vrai me parer envers lui !
Quoi qu'il en soit, pourvu qu'il soulève l'empire,
Il ne m'importe pas pour qui son cœur soupire :
Ce n'est qu'en le portant aux plus noirs attentats
Que je puis à mes lois soumettre ces états.
Détruisons, pour remplir une place si chère,
Le père par les fils, et les fils par le père.
Je veux, à chacun d'eux me livrant à-la-fois,
Paroître les servir, mais les perdre tous trois.
Voilà ce que mon cœur dès long-temps se propose.
Qu'en liberté le tien consulte ce qu'il ose.

TISSAPHERNE.

Seigneur, je l'avoûrai, ce dessein me surprend.
Le péril est certain, mais le projet est grand.
Cependant, sans compter ce qu'on appelle crime,
Craignez de vous creuser vous-même un noir abime.
Darius est chéri, sage, plein de valeur ;
Vous verrez l'univers partager son malheur.

Daignez de vos desseins peser la violence.
Non qu'à les soutenir mon amitié balance ;
N'en attendez pour vous que d'éclatants efforts :
Je n'ai pas seulement écouté mes remords.
Cette foi des serments, parmi nous si sacrée,
Cette fidélité ce jour même jurée,
Tant de devoirs enfin deviennent superflus :
Vous n'avez qu'à parler, rien ne m'arrête plus.

ARTABAN.

Laisse ces vains devoirs à des ames vulgaires ;
Laisse à de vils humains ces serments mercenaires.
Malheur à qui l'ardeur de se faire obéir,
En nous les arrachant, nous force à les trahir !
Quoi ! toujours enchaîné par une loi suprême,
Un cœur ne pourra donc disposer de lui-même !
Et du joug des serments esclaves malheureux,
Notre honneur dépendra d'un vain respect pour eux !
Pour moi, que touche peu cet honneur chimérique,
J'appelle à ma raison d'un joug si tyrannique.
Me venger et régner, voilà mes souverains :
Tout le reste pour moi n'a que des titres vains.
Le soin de m'élever est le seul qui me guide,
Sans que rien sur ce point m'arrête ou m'intimide.
Il n'est lois ni serments qui puissent retenir
Un cœur débarrassé du soin de l'avenir.
A peine eus-je connu le prix d'une couronne,
Que mes yeux éblouis dévorèrent le trône ;
Et mon cœur, dépouillant toute autre passion,
Fit son premier serment à son ambition.

De froids remords voudroient en vain y mettre obstacle.
Je ne consulte plus que ce superbe oracle ;
Un cœur comme le mien est au dessus des lois :
La crainte fit les dieux, l'audace a fait les rois.
Le moment est venu qu'il faut que son courage
Affranchisse Artaban d'un indigne esclavage.
Ce Darius si grand, qui cause ta frayeur,
Deviendra le premier l'objet de ma fureur.
Je prétends que dans peu la Perse qui l'adore,
Autant qu'il lui fut cher, le déteste et l'abhorre.
Mais Xerxès vient à nous : attends, pour me quitter,
Que je sache quels soins le peuvent agiter.

SCÈNE II.
XERXÈS, ARTABAN, TISSAPHERNE.

ARTABAN.
Dans un jour où Xerxès dispose de l'empire,
Où son choix donne un maître à tout ce qui respire,
Quel malheur imprévu, quel déplaisir si prompt
De ce monarque heureux peut obscurcir le front ?

XERXÈS.
Quel jour ! quel triste jour ! et que viens-je de faire !
Pourquoi t'ai-je écouté sur un choix téméraire ?

ARTABAN.
Seigneur, qui peut causer ce repentir soudain ?

XERXÈS.
Juge toi-même, ami, si je m'alarme en vain.
Tu sais, par une loi des Perses révérée
Que tant d'évènements n'ont que trop consacrée,

ACTE I, SCÈNE II.

Qu'un prince désigné pour régner en ces lieux,
Du moment qu'il obtient ce titre glorieux,
Peut du roi qui le nomme exiger une grace,
A laquelle, sans choix, il faut qu'il satisfasse.
Artaxerce mon fils, trop instruit de ses droits,
Vient de m'en imposer les tyranniques lois.
Il prétend dès ce jour obtenir de son père
Le seul bien que ma main réservoit à son frère;
Il exige, en un mot, la princesse Amestris,
Des exploits d'un héros unique et digne prix.

ARTABAN.

Quoi! seigneur, Darius oseroit y prétendre?

XERXÈS.

Jamais, si je l'en crois, amour ne fut plus tendre.
Je vais te découvrir un funeste secret
Qu'à ta fidélité je cachois à regret.
Darius autrefois soupira pour Barsine.

ARTABAN.

Pour ma fille!

XERXÈS.

Je sais quelle est son origine,
Ami; mais je craignis, s'il s'allioit à toi,
Qu'il ne s'en fît un jour un appui contre moi,
Contre un fils qui m'est cher. Enfin, dès leur naissance,
Je combattis ses feux de toute ma puissance.
Je priai, menaçai; je fis plus, je feignis
Que j'étois devenu le rival de mon fils.
A la fin je forçai son amour à se taire,
Et le contraignis même à t'en faire un mystère.

Je fis venir alors la princesse Amestris.
A son aspect charmant mon fils parut surpris :
Soit qu'en effet son cœur brûlât pour la princesse,
Ou qu'il crût à ce prix regagner ma tendresse,
Soit qu'il fût rebuté d'un amour malheureux,
Je crus voir Darius brûler de nouveaux feux.
D'un si juste penchant bien loin de le distraire,
J'offris à son amour la fille de mon frère ;
Mais, de Barsine encor respectant les attraits,
Ses feux furent toujours inconnus et secrets :
Artaxerce lui-même en ce moment ignore
Qu'Amestris soit l'objet que Darius adore.
Enfin, d'un prompt hymen je flattai son ardeur,
Si de nos ennemis il revenoit vainqueur.
Il en triomphe ; et moi, pour toute récompense,
Après l'avoir privé des droits de sa naissance,
Je lui ravis encor le prix de sa valeur !
Qui pourra triompher de sa juste fureur ?
Tu vois de quels soucis mon ame est accablée :
Calme par tes conseils l'effroi qui l'a troublée.

ARTABAN.

Quels conseils vous donner, seigneur, lorsque les lois
Sont le plus ferme appui de la grandeur des rois ?
Respectez un pouvoir au dessus de tout autre,
Si vous voulez, seigneur, qu'on respecte le vôtre.
Si Darius se plaint, qu'il s'en prenne à la loi,
Qui seule vous contraint à lui manquer de foi.

XERXÈS.

Quand il pourroit céder à cette loi suprême,
Amestris voudra-t-elle y souscrire de même ?

Elle aime Darius.
ARTABAN.
Eh bien ! feignez, seigneur;
Que Darius retourne à sa première ardeur;
Qu'épris plus que jamais il revient à ma fille.
A vos moindres desseins je livre ma famille;
Disposez-en, seigneur, dût Barsine en ce jour
Devenir le jouet d'une envieuse cour.
Pour prévenir les maux qui vous glacent de crainte,
On peut sans s'abaisser aller jusqu'à la feinte.
Arsace est dans ces lieux; forcez-le à déclarer
Pour ce nouvel hymen qu'il vient tout préparer;
Que, sûr de votre aveu, Darius qui l'envoie
A l'amour de Barsine est tout entier en proie.
Dès qu'Amestris croira qu'épris de nouveaux feux
Ce prince porte ailleurs ses desseins et ses vœux,
Vous la verrez bientôt, à vos lois moins rebelle,
Prévenir d'elle-même un amant infidèle.
Enfin, si ce projet ne peut vous réussir,
Contre de vains remords il faut vous endurcir,
Détruire ce rival de la grandeur suprême,
Peut-être dans ces lieux plus puissant que vous-même,
Dans le fond de son cœur de votre rang jaloux;
Apprendre à vos sujets à n'adorer que vous,
Sacrifier ce fils trop chéri de la Perse,
Et forcer son amante à l'hymen d'Artaxerce.
TISSAPHERNE.
Mérodate, seigneur, demande à vous parler.
XERXÈS.
(à part.)
Qu'il entre.... A son aspect que je me sens troubler!

SCÈNE III.
XERXÈS, ARTABAN, TISSAPHERNE, MÉRODATE.

XERXÈS.
Mérodate, quel soin peut ici te conduire ?

MÉRODATE.
Du retour d'un héros chargé de vous instruire....

XERXÈS.
Quoi ! Darius....

MÉRODATE.
Seigneur, avant la fin du jour
Ce fils victorieux va paroître à la cour.
Pour ne point retarder une si juste envie,
Permettez....

XERXÈS.
Non, demeure, il y va de ta vie.
Tissapherne, prends soin d'écarter du palais
Ce témoin qui pourroit traverser nos projets.

SCÈNE IV.
XERXÈS, ARTABAN.

XERXÈS.
Pour toi, cher Artaban, si ton devoir fidèle
Fit jamais éclater ton respect et ton zèle,
Dans ce moment fatal ne m'abandonne pas.
Au devant de mon fils précipite tes pas :

ACTE 1, SCÈNE IV.

Offre-lui de ma part et l'Égypte et Barsine :
Fais-lui valoir ce prix que son roi lui destine ;
Mais qu'il se garde bien de paroître à mes yeux.
Dis-lui qu'il est perdu s'il se montre en ces lieux :
A ce prince surtout fais un profond mystère
Du rang où mon amour vient d'élever son frère.
Va, cours, tandis qu'ici semant mille soupçons,
De tes sages conseils je suivrai les leçons.
Pour en hâter l'effet, qu'on cherche la princesse.

SCÈNE V.

XERXÈS, seul.

O toi, dieu de la Perse, à qui seul je m'adresse,
Soleil, daigne éclairer mon cœur et mes desseins,
Et préserver ces lieux des malheurs que je crains !
Pardonne-moi du moins un honteux artifice
Dont mon cœur en secret déteste l'injustice.
Tu vois combien ce cœur, de remords agité,
Regrette de descendre à cette indignité.
Mais Artaxerce vient.... Ciel ! dans mon trouble extrême,
Ne pourrai-je jouir un moment de moi-même ?

SCÈNE VI.

ARTAXERCE, XERXÈS.

XERXÈS.

AH ! mon fils, laissez-moi ; pourquoi me cherchez-vous ?

ARTAXERCE.

Dût sur ce fils tremblant tomber votre courroux,

Je ne puis résister à mon impatience.
Chaque pas, chaque instant aigrit ma défiance.
A d'injustes soupçons Xerxès abandonné
Se repentiroit-il de m'avoir couronné ?
A peine ses bontés m'élèvent à l'empire,
Que son cœur inquiet en gémit, en soupire.
Privez-moi pour jamais d'un rang si glorieux,
Et me rendez, seigneur, un bien plus précieux ;
Rendez-moi ces bontés et cet amour de père
Qu'à tout autre bienfait Artaxerce préfère.
Mais quelle est mon erreur ! Plût au ciel que mon roi
Ne fît que soupçonner mon respect et ma foi !
J'aurois bientôt calmé le souci qui m'accable.
Que je crains bien plutôt qu'Amestris trop aimable,
Avec une beauté qui l'égale à nos dieux,
N'ait peut-être trouvé grace devant vos yeux !
Car enfin, indigné de l'ardeur qui me presse,
Je vous ai vu frémir au nom de la princesse.
Seigneur, que ce silence irrite encor mes maux !

XERXÈS.

Sans vous inquiéter du nom de vos rivaux,
Ne vous suffit-il pas qu'à son devoir soumise,
Amestris à vos vœux soit désormais acquise ?
Elle ne dépend plus ni d'elle ni de moi :
Son sort est dans vos mains ; je vous ai fait son roi.
Je vous crois cependant l'ame trop généreuse
Pour vouloir abuser d'une loi rigoureuse.
Consultez Amestris ; elle mérite bien
Que votre cœur soumis attende tout du sien.

ACTE I, SCÈNE VI.

Si je l'aimois, du moins j'en userois de même;
Et c'est ainsi qu'on doit disputer ce qu'on aime.
Voyez-la, j'y consens; c'est vous en dire assez.

ARTAXERCE.

Non, seigneur....

XERXÈS.

C'en est trop : allez, et me laissez.
(Artaxerce sort.)

SCÈNE VII.

XERXÈS, seul.

Que je viens à regret d'alarmer sa tendresse !
Que pour un fils si cher ma pitié s'intéresse !
La princesse paroît.... Que de pleurs vont couler !
Qu'à son aspect mon cœur commence à se troubler !

SCÈNE VIII.

XERXÈS, AMESTRIS.

XERXÈS.

MADAME, quelque amour qui puisse vous séduire,
D'un secret sur ce point j'ai voulu vous instruire.
L'orgueilleux Darius, dépouillé de ses droits,
N'a plus rien à prétendre au rang de roi des rois.
Artaxerce aujourd'hui, paré de ce grand titre,
Du sort de l'univers est devenu l'arbitre.
Je vois à ce discours votre cœur s'émouvoir :
Mais d'un profond respect écoutez le devoir;
Et, de quelque douleur que vous soyez atteinte,
J'interdis à vos feux le reproche et la plainte.

Surtout, si Darius vous est cher aujourd'hui,
Cachez-lui des secrets qui ne sont pas pour lui.

AMESTRIS.

Ah! seigneur, pardonnez au transport qui m'agite.
En vain à mon amour la plainte est interdite :
Après le coup affreux dont vous frappez mon cœur,
Rien ne peut plus ici contraindre ma douleur.
Qu'elle éclate à vos yeux cette douleur mortelle
A qui vous imposez une loi si cruelle.
Juste ciel! se peut-il qu'un fils victorieux,
Votre image, ou plutôt l'image de nos dieux,
Soit privé par vous seul de l'honneur de prétendre
A ces mêmes états qu'il sait si bien défendre?
Pardonnez; je sais bien qu'il ne m'est pas permis
De prononcer, seigneur, entre vous et vos fils :
Mais si jamais des dieux la majesté suprême,
Prenant soin sur un front de s'empreindre elle-même;
Si l'éclat des vertus, la gloire des hauts faits,
Le besoin de l'empire et les vœux des sujets;
En un mot, si jamais la valeur, la naissance,
Furent des droits, seigneur, pour la toute-puissance,
Qui mieux a mérité ce haut degré d'honneur
Que celui qu'on en prive avec tant de rigueur?
Je vois de mes discours que votre cœur s'offense;
Mais, seigneur, d'un héros j'entreprends la défense.
Il a tant fait pour vous, que Xerxès aujourd'hui
Ne doit pas s'offenser que je parle pour lui :
Heureuse si l'amour instruisoit la nature
A le dédommager d'une cruelle injure!

ACTE I, SCÈNE VIII. 91
XERXÈS.
D'un choix qui pour ce fils vous semble injurieux,
Madame, je ne dois rendre compte qu'aux dieux.
Quand je ne tiendrois pas de la grandeur suprême
Le droit de disposer du sacré diadème,
Ma volonté suffit pour établir des lois;
Et la terre en tremblant doit souscrire à mon choix.
Et sur quoi jugez-vous que le prince Artaxerce
Soit si peu digne encor de régner sur la Perse?
Darius, je l'avoue, a quelques faits de plus;
Mais son frère a mon cœur, et n'est pas sans vertus :
Il sait aimer du moins, et c'est vous qu'il adore.
AMESTRIS.
Dieux! qu'est-ce que j'entends?
XERXÈS.
Ce n'est pas tout encore;
A son auguste hymen il faut vous préparer,
Et je me suis chargé de vous le déclarer.
AMESTRIS.
Moi, seigneur?
XERXÈS.
Oui, madame : il vous a demandée;
La loi veut qu'à ses feux vous soyez accordée.
Vous savez ce qu'impose une si dure loi.
AMESTRIS.
Ainsi sans mon aveu l'on dispose de moi!
On dispense à son gré la grandeur souveraine!
La parole des rois n'est plus qu'une ombre vaine!
Frein par qui les tyrans sont même retenus,
Serments sacrés des rois, qu'êtes-vous devenus?

Quoi ! seigneur, Artaxerce à mon hymen aspire,
Peu content de priver Darius de l'empire ;
Et c'est vous qui, pour prix de tant d'exploits fameux,
Accablez de ces coups un fils si généreux !
Mais, seigneur, c'est en vain qu'à vos ordres suprêmes
Vous joignez une loi qui commande aux rois mêmes :
Je n'ai pas oublié qu'au plus grand des héros
Vous promîtes ma main pour prix de ses travaux.
Vous reçûtes ma foi pour le don de la sienne :
La mort, la seule mort peut lui ravir la mienne.
Il n'est loi ni pouvoir que je craigne en ces lieux :
Les promesses des rois sont des décrets des dieux.
Ainsi, dans quelque rang qu'Artaxerce puisse être,
Darius de ma main sera toujours le maître.
Tout malheureux qu'il est, dépouillé, sans appui,
Jamais de tant d'amour je ne brûlai pour lui.
Hier sur ses vertus il fondoit sa victoire :
Mais aujourd'hui, seigneur, il y va de ma gloire ;
Et plus vous ravissez d'états à ce vainqueur,
Plus l'amour indigné le couronne en mon cœur.
Eh ! plût aux dieux, seigneur, lorsque tout l'abandonne,
Pouvoir lui tenir lieu de père et de couronne !

XERXÈS.

Que sert de vous flatter sur ce que j'ai promis,
Quand la loi me dégage envers vous et mon fils ?
Ainsi, sans vous parer d'une vaine constance,
Méritez mes bontés par votre obéissance,
Et craignez qu'Amestris, avant la fin du jour,
Ne déteste peut-être et l'amant et l'amour.

Quel que soit Darius, madame, je souhaite
Qu'il puisse mériter une ardeur si parfaite.
Je ne sais cependant si ce héros fameux,
Pour qui vous témoignez des soins si généreux,
Est si digne en effet des transports de votre ame.
Eh ! quel garant si sûr avez-vous de sa flamme?
Pour fixer un amant quels que soient vos attraits,
Peut-être qu'en ces lieux il est d'autres objets
Qui pourroient bien encor partager sa tendresse.
Je ne dis rien de plus, madame ; je vous laisse,
Sûr de vous voir bientôt m'obéir sans regret.

SCÈNE IX.

AMESTRIS, seule.

JUSTE ciel ! quel est donc ce terrible secret ?
Quel orage nouveau contre moi se prépare ?
Quelle horreur tout-à-coup de mon ame s'empare!
Je me sens accabler de trouble et de douleurs,
Et malgré ma fierté je sens couler mes pleurs.
Quoi ! ce héros, l'objet d'une flamme si belle,
Ce Darius si cher seroit un infidèle !
Malheureuse Amestris, voilà donc ce retour
Pour qui de tant de vœux j'importunois l'Amour !
Quoi ! tandis que pour lui ma folle ardeur éclate,
Une autre à ses attraits soumet son ame ingrate !
Lui que j'ai toujours cru si grand, si généreux,
Que l'Amour me peignoit au dessus de mes vœux,
Que j'égalois aux dieux dans mon ame insensée,
Trahit donc tant d'amour ! Ah mortelle pensée !

Mais que dis-je? où mon cœur va-t-il s'abandonner ?
Et sur la foi de qui l'osé-je soupçonner ?
Sur la foi d'un cruel qui cherche à me surprendre,
Qu'à des détours plus bas on vit cent fois descendre.
Darius me trahir ! Je ne le puis penser :
Le croire un seul moment, ce seroit l'offenser.
Non, le ciel ne fit pas un cœur si magnanime
Pour le laisser souiller de parjure et de crime.
Cependant Mérodate a paru dans ces lieux,
Sans nul empressement de s'offrir à mes yeux.
Tout parle du héros où mon cœur s'intéresse,
Mais rien ne m'entretient ici de sa tendresse.
D'où peut naître l'effroi dont je me sens saisir ?
Ah ! d'un mortel soupçon courons nous éclaircir;
Mourir pour Darius si ma gloire l'ordonne,
Ou punir sans regret l'ingrat s'il m'abandonne ;
Et, quelque affreux tourment qu'il en coûte à mon cœur,
Mesurer ma vengeance au poids de ma douleur.

FIN DU PREMIER ACTE.

ACTE SECOND.

SCÈNE I.
BARSINE, ARSACE, CLÉONE.

BARSINE.

Qu'un si rare bonheur, si j'osois vous en croire,
Auroit de quoi flatter mes désirs et ma gloire !
Mais je ne puis penser qu'une si vive ardeur
Puisse encor pour Barsine occuper ce grand cœur,
Ni que de tant d'exploits, que l'univers admire,
Ma main soit le seul prix où Darius aspire.
Et de ce même hymen, si doux à mes souhaits,
Xerxès vient, dites-vous, d'ordonner les apprêts !
Arsace, à tant d'honneurs aurois-je osé prétendre ?

ARSACE.

C'est par ordre du roi que je viens vous l'apprendre.
Lui-même en un moment vous en instruira mieux :
Ce prince va bientôt se montrer en ces lieux.

SCÈNE II.
BARSINE, CLÉONE.

BARSINE.

Qu'à cet espoir flatteur j'ai de peine à me rendre !

CLÉONE.

Madame, et qu'a-t-il donc qui doive vous surprendre ?

A quels charmes plus grands un héros si fameux
Pouvoit-il espérer d'offrir jamais ses vœux ?

BARSINE.

Cléone, la beauté, quelque amour qu'elle inspire,
Ne fait pas sur les cœurs notre plus sûr empire ;
Pour en fixer les vœux il est d'autres attraits,
Malgré tout son éclat, plus doux et plus parfaits :
C'est d'un amour constant la vertu qui décide,
Et non la beauté seule avec un cœur perfide.
Et tu veux que le mien, méprisé sur l'écueil
Où l'a précipité son téméraire orgueil,
Puisse croire un moment que Darius m'adore !
Il faudroit que son cœur pût m'estimer encore,
Que le mien plus fidèle eût fait tout son bonheur
De l'honneur d'asservir cet illustre vainqueur.
Mais le frivole éclat qui sort du diadème
M'a fait porter mes vœux jusqu'à Xerxès lui-même :
Sur quelques soins légers qu'il faisoit éclater,
Mon cœur d'un vain espoir crut pouvoir se flatter.
En vain à ce désir, qui séduisoit mon ame,
Darius opposoit ses vertus et sa flamme :
Tout aimable qu'il est, dans l'ardeur de régner,
Ma folle ambition me le fit dédaigner.
Juge, après cet aveu, si son retour m'accable ;
Et plus il fait pour moi, plus je deviens coupable.
Prince trop généreux, quel malheur te poursuit !
Lorsque je puis t'aimer, d'un vain espoir séduit
A de vaines grandeurs mon cœur te sacrifie ;
Quand je t'aime en effet, tout veut que je te fuie !

Mais si je puis jamais disposer de ta foi....
J'entends du bruit. On vient. Juste ciel ! c'est le roi.

SCÈNE III.
XERXÈS, BARSINE, TISSAPHERNE, CLÉONE.

XERXÈS.

MADAME, en ce moment Arsace a dû vous dire
Quel est l'heureux hymen où Darius aspire.
Mon cœur en fit long-temps ses désirs les plus doux ;
Mais les ans m'ont ravi le bonheur d'être à vous.
Plus digne de jouir d'un si rare avantage,
Souffrez que Dariüs répare cet outrage,
Et que par votre main Xerxès puisse aujourd'hui
Du prix de ses exploits s'acquitter envers lui.
Dans les murs de Memphis, où vous irez l'attendre,
Par mon ordre bientôt Darius doit se rendre.
Allez. Puisse le ciel, au gré de mes souhaits,
Vous y faire un bonheur digne de vos attraits !
Daignez-en quelquefois employer la puissance
Pour retenir mon fils dans mon obéissance :
Fixez de ses désirs le cours ambitieux ;
Et s'il osoit jamais.... Que vois-je, justes dieux !

SCÈNE IV.
XERXÈS, DARIUS, BARSINE, TISSAPHERNE, CLÉONE.

DARIUS.

ENFIN, libre des soins que m'imposoit la guerre,
Je puis à vos genoux, monarque de la terre,

Faire éclater d'un fils la joie et le respect.
Qu'il m'est doux....

XERXÈS.

Porte ailleurs ton hommage suspect:
Et loin de me vanter le respect qui te guide,
A ma juste fureur dérobe-toi, perfide.
Eh ! comment oses-tu te montrer à mes yeux ?
Quel ordre de ma part te rappelle en ces lieux ?

DARIUS.

Et depuis quand, seigneur, indigne d'y paroître....

XERXÈS.

Depuis qu'à mes regards tu n'offres plus qu'un traître
Que mes ordres sacrés ne peuvent retenir,
Et que tout mon courroux ne peut assez punir.
Mais, malgré tes complots et malgré ton audace,
Avant qu'ici du jour la lumière s'efface,
Malgré les soins de ceux qui m'ont osé trahir,
Je te forcerai bien, perfide, à m'obéir.

SCÈNE V.

DARIUS, BARSINE, CLÉONE.

DARIUS.

Quels discours ! quels transports ! et que viens-je d'entendre !
O ciel ! à cet accueil aurois-je dû m'attendre ?
Et depuis quand, chargé de noms injurieux,
Darius n'est-il plus qu'un objet odieux,
Madame ? et quel est donc ce funeste mystère ?
Déplorable jouet des caprices d'un père,

ACTE II, SCÈNE V.

Oserois-je un moment à l'objet de ses vœux
Confier la douleur d'un prince malheureux ?
Quel que soit mon destin, vous pouvez me l'apprendre.
Je ne veux que savoir; je ne crains point d'entendre.
Vous vous taisez ! O ciel ! à l'exemple du roi,
Tous les cœurs aujourd'hui sont-ils glacés pour moi ?
Hé quoi ! Barsine aussi contre moi se déclare !

BARSINE.

Non ; je sais mieux le prix d'une vertu si rare.
Croyez, si je régnois sur le cœur de Xerxès,
Que son amour pour vous iroit jusqu'à l'excès ;
Que du moins, à mes yeux, d'un odieux caprice
Vous n'auriez pas, seigneur, éprouvé l'injustice ;
Et qu'enfin, si son cœur se régloit sur le mien,
Darius même aux dieux pourroit n'envier rien.
Interdite et confuse encor plus que vous-même,
Je ne puis revenir de ma surprise extrême :
Tout confond à tel point mon esprit éperdu,
Que je ne sais, seigneur, si j'ai bien entendu :
Car enfin ce Xerxès, si fier et si terrible,
Jamais à nos désirs n'a paru si sensible.
Hélas ! si vous saviez de quel espoir flatteur
En ce même moment il remplissoit mon cœur !
De la part d'un héros chéri de la victoire,
Aimable, généreux, et tout brillant de gloire,
Il venoit m'assurer d'une constante foi.
Ah ! qu'un retour si tendre auroit d'attraits pour moi,
Si ce même héros, sensible à mes alarmes,
Touché de mes remords, attendri par mes larmes,

Si Darius enfin, l'objet de tant d'ardeur,
De mes premiers dédains oubliant la rigueur,
Daignoit en ce moment me confirmer lui-même
Qu'on ne m'abuse point quand on me dit qu'il m'aime !
Mon cœur, toujours tremblant sur un espoir si doux,
Ne veut tenir, seigneur, cet aveu que de vous.
Quoi ! vous baissez les yeux ! Dieux ! quel affreux silence !
Qu'ai-je dit ? où m'emporte une vaine espérance ?

DARIUS.

Quelle fureur nouvelle, agitant tous les cœurs,
A donc pu les remplir de si tristes erreurs ?
Ai-je bien entendu, Barsine ? est-ce vous-même
Qui méprisez pour moi l'éclat du diadème ?
Vous qui, de tant d'amour dédaignant les transports...;

BARSINE.

Ah ! ne redoublez point ma honte et mes remords.
Cessez de rappeler des injures passées
Que mes larmes, seigneur, n'ont que trop effacées.
Mais vous, qui m'accablez d'un reproche odieux
Sans daigner seulement tourner sur moi les yeux,
Parlez : méritez-vous mon amour ou ma haine ?
Le roi m'abuse-t-il d'une espérance vaine ?
Comme il me l'a promis, serez-vous mon époux ?
Dois-je enfin vous aimer, ou me venger de vous ?

DARIUS.

Grands dieux ! ce que j'ai vu, ce que je viens d'entendre
Pouvoit-il se prévoir, et peut-il se comprendre ?
Chaque mot, chaque instant redouble mon effroi.
Ah ! quel aveu, madame, exigez-vous de moi ?

Peu digne de vos feux et de votre vengeance,
Pourquoi me forcez-vous à vous faire une offense ?
Mais je fus trop long-temps soumis à vos attraits
Pour vouloir vous tromper par d'indignes secrets :
Darius, ennemi d'une injuste contrainte,
Ne sait point en esclave appuyer une feinte.
Contre un fils malheureux Xerxès peut éclater ;
Mais, si de notre hymen il a pu vous flatter,
Madame, il vous a fait une mortelle injure.
Il ne peut nous unir sans devenir parjure :
Lui-même, à mon départ, confident d'autres feux,
Des serments les plus saints a scellé tous mes vœux.
Enfin, c'est Amestris pour qui mon cœur soupire,
Qui daigna m'accepter sortant de votre empire....
Je la vois ; quel bonheur la présente à mes yeux !

BARSINE.

Ah ! c'en est trop, cruel : je te laisse en ces lieux
Signaler de tes soins l'inconstance fatale.
Cependant tremble, ingrat ; je connois ma rivale.

SCÈNE VI.

DARIUS, AMESTRIS, PHÉNICE.

DARIUS.

Quoi ! madame, c'est vous ! et le ciel irrité
Me laisse encor jouir de ma félicité !
Que mon cœur est touché ! Qu'une si chère vue
Calme le désespoir de mon ame éperdue !

Malgré tous mes malheurs.... Mais qu'est-ce que je vois ?

AMESTRIS.

On disoit qu'en ces lieux je trouverois le roi :
Le dessein de l'y voir est le seul qui me guide,
Et non l'indigne soin d'y chercher un perfide.

DARIUS.

Moi perfide ! qui ? moi ! Dieux ! qu'est-ce que j'entends ?

AMESTRIS.

Cesse de feindre, ingrat; tes vœux seront contents.
Mais n'attends pas ici que j'éclate en injures;
Je laisse aux dieux le soin de punir les parjures.
Va, cours où te rappelle un plus doux entretien,
Et songe pour jamais à renoncer au mien.

SCÈNE VII.

DARIUS, seul.

O MORT, des malheureux triste et chère espérance,
J'implore désormais ta funeste assistance !
J'éprouve en ces moments, si douloureux pour moi,
Des tourments plus cruels et plus affreux que toi.
Dieux, qui semblez vous faire une loi rigoureuse
De rendre la vertu pesante et malheureuse,
Qui, la foudre à la main, l'effrayez parmi nous,
Pour ne nous rien laisser qui nous égale à vous,
Contentez-vous d'avoir presque ébranlé la mienne ;
Souffrez qu'un saint respect dans mon cœur la retienne;
Que je puisse du moins, malgré tout mon courroux,
D'un reste de vertu vous rendre encor jaloux.

SCÈNE VIII.
DARIUS, ARTAXERCE.

ARTAXERCE.

ENFIN le ciel, sensible aux souhaits d'Artaxerce,
Nous ramène un héros adoré de la Perse,
Le plus grand des mortels et le plus généreux.

DARIUS.

Mais de tous les mortels, ciel ! le plus malheureux.
O mon cher Artaxerce ! est-ce vous que j'embrasse ?
Venez-vous partager mes maux et ma disgrace ?
Si vous saviez quel prix on gardoit à ma foi !

ARTAXERCE.

De vos regrets, seigneur, confident malgré moi,
J'en ai le cœur frappé des plus rudes atteintes.
Que je crains d'avoir part à de si justes plaintes !

DARIUS.

Vous, mon frère ? Eh ! pourquoi vous confondrois-je, hélas !
Avec tant de vertus, parmi des cœurs ingrats ?
J'éprouverai long-temps une injuste colère,
Avant que je me plaigne un moment de mon frère ;
Trop heureux que le sort m'ait laissé la douceur
De pouvoir dans son sein déposer ma douleur !
Quelque amour que pour vous fasse éclater mon père,
Il ne m'en rendra pas notre amitié moins chère.
Si je jouis jamais du pouvoir souverain,
Vous verrez si mon cœur vous la juroit en vain.

ARTAXERCE.

Ah ! seigneur, je vois bien que Darius ignore
Toute l'horreur des maux qui l'attendent encore.

Je me reprocherois de laisser son grand cœur
Plus long-temps le jouet d'une funeste erreur.
C'est trop de vos bontés vous-même être victime;
Il faut vous découvrir la main qui vous opprime....
Et quelle main, grands dieux ! mais qui, sans le vouloir,
De toutes vos vertus vous a ravi l'espoir.
Coupable seulement par mon obéissance,
Ne me soupçonnez pas d'avoir part à l'offense;
Croyez que malgré moi l'on vous prive d'un rang
Où vous plaçoient mes vœux encor plus que le sang;
Croyez qu'en me parant de la grandeur suprême
Xerxès n'a sur son choix consulté que lui-même;
Et qu'enfin je ne veux souscrire aux dons du roi.
Qu'autant que vous voudrez en jouir avec moi.

DARIUS.

Content par ma valeur d'en être jugé digne,
Je renonce sans peine à cet honneur insigne;
Et, si je suis touché de quelque déplaisir,
C'est de voir que mon frère ait osé s'en saisir.
Souffrir que l'on me fît une mortelle injure !
Et vous ne voulez pas que mon cœur en murmure !
Malheureux que je suis ! faut-il en même jour
Voir s'armer contre moi la nature et l'amour;
Et me voir, par des mains qui me furent si chères,
Arracher sans honneur du trône de mes pères !
O sort, pour m'accabler te reste-t-il des traits ?

ARTAXERCE.

Ah ! daignez par pitié m'épargner ces regrets.

DARIUS.

Eh ! pourquoi voulez-vous que je m'en prive encore,
Lorsque tout me trahit, quand on me déshonore ;
Lorsqu'au lieu des bienfaits que j'avois mérités
Je me vois accabler de mille indignités ;
Lorsqu'un père cruel ose avec perfidie,
Sous des prétextes vains, m'éloigner de l'Asie ;
Troubler des nations qui ne l'offensoient pas,
Bien moins dans le dessein d'agrandir ses états,
Que pour me dépouiller avec plus d'assurance
D'un sceptre dont mon bras est l'unique défense ;
D'autant plus irrité, qu'à tout autre que vous
J'aurois déjà ravi l'espoir d'un bien si doux ;
Mais d'autant plus contraint dans ma fureur extrême,
Que je ne puis frapper sans me percer moi-même ?
Je ne m'étonne plus de voir de toutes parts
Mes amis éviter jusques à mes regards ;
Une amante en courroux me traiter d'infidèle :
Un prince sans états n'étoit plus digne d'elle.
Pour vous, je l'avoûrai que parmi mes ingrats,
Après ce que je sens, je ne vous comptois pas.
Cruel ! en dépouillant mon front du diadème,
Il ne vous reste plus qu'à m'ôter ce que j'aime.
Libre de l'obtenir d'une superbe loi,
Que ne m'arrachez-vous et son cœur et sa foi ?

ARTAXERCE.

Eh ! comment voulez-vous que je vous la ravisse ?
Voyez de vos soupçons jusqu'où va l'injustice !
Je vous l'ai déjà dit : croyez que malgré moi
Je souscris aux bontés dont m'honore le roi,

Que par mon malheur seul je vous ravis l'empire.
Ah ! seigneur, ce n'est pas au trône que j'aspire,
Mais ce n'est pas non plus à l'objet de vos vœux :
Je sais trop respecter vos désirs et vos feux.
Je sais que votre cœur soupire pour Barsine,
Qu'avec l'Égypte encor le roi vous la destine.
Ce n'est pas que l'objet dont mon cœur est charmé
Mérite moins, seigneur, la gloire d'être aimé.
Ce jour doit éclairer notre auguste hyménée :
Daignez ne point troubler cette heureuse journée.
Sans offenser l'ardeur dont vous êtes épris,
Je crois, seigneur, pouvoir vous nommer Amestris.

DARIUS.

Dieux cruels, jouissez du transport qui m'anime !
C'en est fait, je sens bien que j'ai besoin d'un crime.
Perfide, plus que tous contre moi conjuré,
Je puis donc désormais vous haïr à mon gré !
O ciel ! lorsque je crois, dans mon malheur extrême,
Pouvoir du moins compter sur un frère que j'aime,
Je viens, en imprudent, confier ma douleur
Au fatal ennemi qui me perce le cœur !

ARTAXERCE.

Ah ! c'est trop m'alarmer : expliquez-vous, de grace.
D'un si dur entretien mon amitié se lasse.
Ou calmez les transports d'un injuste courroux,
Ou, si vous vous plaignez, du moins expliquez-vous.

DARIUS.

Avec ce fer, qui fait le destin de la Perse,
Je suis prêt, s'il le veut, d'éclaircir Artaxerce.

ACTE II, SCÈNE VIII.

S'il est, autant que moi, blessé de vains discours,
Voilà le sûr moyen d'en terminer le cours :
De l'amour outragé c'est l'interprète unique.
Entre rivaux du moins c'est ainsi qu'on s'explique.
Tant que vous oserez vous déclarer le mien,
N'attendez pas de moi de plus doux entretien.

ARTAXERCE.

Vous mon rival ? ô ciel !

DARIUS.

Mais un rival à craindre.

ARTAXERCE.

Hélas ! que je vous plains !

DARIUS.

Je ne suis point à plaindre.
Plaindre un amant trahi, c'est s'avouer heureux.
La pitié d'un rival n'est pas ce que je veux ;
Ainsi que mon amour, ma fierté la dédaigne.
Qui ne veut que haïr ne veut pas qu'on le plaigne.
Ce seroit sans danger faire des malheureux,
Dès qu'il leur suffiroit qu'on s'attendrît pour eux.
Pour moi, qui vois le but d'une pitié si vaine,
Je ne veux plus de vous que fureur et que haine.
L'amour qui vous attache à l'objet de mes vœux
Du sang qui nous unit a rompu tous les nœuds.
Dans l'état où je suis, opprimé par un père,
Méprisé d'une amante, et trahi par un frère,
Plus de leur amitié les soins me furent doux,
Et plus leur perfidie excite mon courroux.

ARTAXERCE.

Je pardonne aux malheurs dont le sort vous accable
Un transport que l'amour rend encor moins coupable;
Et plus vous m'outragez, plus je sens ma pitié
D'un oubli généreux flatter mon amitié.
Qu'à mon exemple ici Darius se souvienne
Qu'Artaxerce n'est pas indigne de la sienne;
Mais, s'il veut l'oublier, en s'adressant à moi
Qu'il apprenne du moins qu'il s'adresse à son roi.

DARIUS.

Vous, ingrat, vous mon roi ! Quelle audace est la vôtre !
Songez....

SCÈNE IX.

DARIUS, ARTAXERCE, ARTABAN, TISSAPHERNE.

ARTABAN.

Seigneurs, Xerxès vous mande l'un et l'autre.

ARTAXERCE.

Adieu, prince; bientôt nous verrons, à ses yeux....

DARIUS.

Qui de nous méritoit de régner en ces lieux.

(Artaxerce sort.)

SCÈNE X.

DARIUS, ARTABAN, TISSAPHERNE.

DARIUS, à Artaban.

Pour vous, qui désormais, soigneux de me déplaire,
N'offrez à mes regards qu'un sujet téméraire;

Qui, dans un foible cœur par vos conseils séduit,
M'avez de mes exploits enlevé tout le fruit;
Enfin qui, n'écoutant qu'un orgueil qui me brave,
De roi que j'étois né n'avez fait qu'un esclave;
Si les dieux et les lois ne vous retiennent pas,
Indigne favori, craignez du moins mon bras.

(Il sort.)

SCÈNE XI.
ARTABAN, TISSAPHERNE.

ARTABAN.

D'UNE vaine fureur je crains peu la menace.
Va, je saurai bientôt réprimer ton audace.

TISSAPHERNE.

Ah ! seigneur, que pour vous aujourd'hui j'ai tremblé !
Du courroux de Xerxès je suis encor troublé.

ARTABAN.

Peux-tu craindre pour moi la colère d'un maître
Tremblant d'avoir parlé dès qu'il me voit paroître ?
Je n'ai pas dit un mot, que d'un si vain transport
J'ai fait sur son fils seul retomber tout l'effort.
Du chemin qu'il tenoit instruit par Mérodate,
Je me suis à sa vue écarté de l'Euphrate :
Résolu d'attirer ce prince dans ces lieux,
J'ai fait croire à Xerxès que cet ambitieux
Avec tant de secret n'avoit caché sa route
Qu'avec quelque dessein de le trahir sans doute.
Rien n'est moins apparent; cependant sans raison
Il a d'un vain rapport saisi tout le poison.

Darius est perdu, si pour sauver sa vie
Il n'arme en sa faveur la moitié de l'Asie.
J'achèverai bientôt d'ébranler la vertu
D'un cœur de ses malheurs plus aigri qu'abattu.
Tu vois comme il me hait; mais, malgré sa colère,
Je prétends dès ce jour le voir contre son père
Revenir de lui-même implorer mon secours,
A ceux qu'il outrageoit avoir enfin recours.
Artaxerce le craint, son père le déteste;
C'est où je les voulois : je me charge du reste.
Viens, Tissapherne, viens; le moment est venu.
Laissons agir un cœur qui n'est plus retenu :
Courons où nous entraîne un espoir magnanime.
Viens, je réponds de tout : il ne faut plus qu'un crime.

FIN DU SECOND ACTE.

ACTE TROISIÈME.

SCÈNE I.

AMESTRIS, PHÉNICE.

AMESTRIS.

Non, je veux voir Xerxès : tu m'arrêtes en vain ;
Rien ne peut plus troubler un si juste dessein.

PHÉNICE.
Et quel soin si pressant à le voir vous invite ?

AMESTRIS.
Le soin de contenter le transport qui m'agite ;
De me venger du moins, Phénice, avec éclat,
D'un amant odieux, d'un traître, d'un ingrat.

PHÉNICE.
Sur quelques vains apprêts, madame, osez-vous croire
Qu'un cœur qui fut toujours si sensible à la gloire,
Après tant de serments, ait pu sacrifier....

AMESTRIS.
Vois son empressement à se justifier.
Le perfide ! enchanté d'une flamme nouvelle,
Pense-t-il seulement à ma douleur mortelle ?
Sait-il qu'il est ailleurs des cœurs infortunés,
Aux plus affreux tourments par lui seul condamnés?

Hélas ! tandis qu'ici ma douleur se signale,
Peut-être que l'ingrat, aux pieds de ma rivale,
Aux dépens de ma gloire accréditant sa foi,
Rougit d'être accusé d'avoir brûlé pour moi.
Pour mieux persuader, peut-être qu'à Barsine
Il offre en ce moment la main qui m'assassine.
Si son cœur à ce soin n'étoit abandonné,
Ne suffiroit-il pas qu'il en fût soupçonné,
Pour venir à mes pieds dissiper mes alarmes,
Et m'offrir cette main pour essuyer mes larmes ?
Qu'un soin bien différent le soustrait à mes yeux !
Le perfide, occupé d'un amour odieux,
Ne songe qu'aux apprêts d'un funeste hyménée,
Qui peut-être sera ma dernière journée.
Que dis-je ? où ma douleur me va-t-elle engager ?
Artaxerce paroît; songeons à nous venger.
Puisqu'avec lui les lois ordonnent que je règne,
Offrons-lui cette main qu'un parjure dédaigne :
Profitons du moment; peut-être que demain,
Malgré tout mon courroux, je le voudrois en vain.

SCÈNE II.

ARTAXERCE, AMESTRIS, PHÉNICE.

ARTAXERCE.

LE rival d'un héros si digne de vous plaire,
Un prince que séduit un amour téméraire,
Qui vient, sans votre aveu, de le faire éclater
Malgré le peu d'espoir dont il doit se flatter,

Sans crainte d'offenser les charmes qu'il adore
Peut-il à vos regards se présenter encore,
Madame ? Pardonnez : non, je n'ignore pas
Tout le devoir d'un cœur épris de vos appas ;
Mais aurois-je voulu, sans vous offrir l'empire,
Apprendre à l'univers que pour vous je soupire ?
N'osant vous faire entendre une timide voix,
J'ai fait parler pour moi l'autorité des lois.
Non que, fier du haut rang dont on me favorise,
A contraindre vos vœux mon amour s'autorise :
Je ne voulois régner que pour me faire honneur
D'en être plus soumis au choix de votre cœur ;
D'autant plus résolu de ne le pas contraindre,
Que mon amour tremblant semble avoir tout à craindre ;
Que je vous vois déjà détourner, malgré vous,
Des yeux accoutumés à des objets plus doux ;
Qu'enfin je ne vois rien qui ne me désespère.
Que de maux, sans compter les vertus de mon frère !

AMESTRIS.

Seigneur, il me fut cher ; je ne veux point nier
Un feu que tant de gloire a dû justifier.
Tant que l'ingrat n'a point trahi sa renommée,
J'ai fait tout mon bonheur, seigneur, d'en être aimée ;
Je le ferois encor, si lui-même aujourd'hui
N'avoit forcé ma gloire à se venger de lui.
Arrachez-moi, seigneur, à ce penchant funeste ;
J'y consens : vos vertus vous répondent du reste.
Vous ne me verrez point opposer à vos feux
Le triste souvenir d'un amour malheureux ;

Nul retour vers l'ingrat ne vous sera contraire.
Moi-même j'instruirai votre amour à me plaire :
Donnez-vous tout entier à ce généreux soin.
Rendons de notre hymen un parjure témoin.
Vous pouvez assurer de mon obéissance
Un roi dont aujourd'hui j'ai bravé la puissance.
Allez tout préparer; je vous donne ma foi
De ne pas résister un moment à la loi.

ARTAXERCE.

Non, je ne reçois point ce serment téméraire.
En vain vous me flattez du bonheur de vous plaire,
En vain votre dépit me nomme votre époux,
Lorsque l'amour, d'un autre, a fait le choix pour vous.
Je vous aime, Amestris; et jamais dans une ame
La vertu ne fit naître une plus belle flamme :
J'aurois de tout mon sang acheté la douceur
De pouvoir un moment régner sur votre cœur;
Mais, quoiqu'en obtenant le seul bien où j'aspire
Mon bonheur, quel qu'il soit, dût ici me suffire,
J'estime trop ce cœur pour vouloir aujourd'hui
Obtenir notre hymen d'un autre que de lui.
Dût le funeste soin d'éclaircir ma princesse
Rallumer dans son cœur sa première tendresse;
Dussé-je enfin la perdre, et voir évanouir
Ce bonheur si charmant dont je pouvois jouir,
Je ne puis sans remords abandonner mon frère
Aux coupables transports d'une injuste colère.
S'il y va de mes feux à le sacrifier,
Il y va de ma gloire à le justifier.

Je vous ai vu traiter Darius d'infidèle ;
Je conçois d'où vous vient une erreur si cruelle.
Mais, si vous aviez vu ses transports comme moi,
Vous ne soupçonneriez ni son cœur ni sa foi.
Adieu, madame, adieu : quelque soin qui le guide,
Darius n'est ingrat, parjure, ni perfide.
Croyez-en un rival charmé de vos appas :
Il me haïroit moins s'il ne vous aimoit pas.

SCÈNE III.

AMESTRIS, PHÉNICE.

AMESTRIS.

Je demeure interdite, et mon ame abattue
Succombe au coup mortel dont ce discours me tue.
Quoi ! Darius m'aimoit, et par un sort fatal
Il faut que je l'apprenne encor de son rival,
D'un rival qui le plaint et qui le justifie,
Tandis qu'à de faux bruits mon cœur le sacrifie !
Ai-je bien pu revoir ce prince si chéri,
Sans que de ses malheurs mon cœur fût attendri,
D'un mensonge odieux sans percer le nuage ?
Le crime et la vertu n'ont-ils donc qu'un langage ?
Et des cœurs par l'amour unis si tendrement
Se doivent-ils, hélas ! méconnoître un moment ?
A sa vertu du moins j'aurois dû reconnoître
Le mortel le plus grand que le ciel ait fait naître :
Et cependant, pour prix de sa fidélité,
Je l'outrage moi-même avec indignité !

Je me joins au cruel dont la fureur l'opprime !
Je pare de mes mains l'autel et la victime !
J'achève d'accabler, au mépris de ma foi,
Un cœur qui n'espéroit peut-être plus qu'en moi !
Ah ! j'en mourrai, Phénice ; et ma douleur extrême....
On ouvre....

SCÈNE IV.
DARIUS, AMESTRIS, PHÉNICE.

AMESTRIS.

Quel objet ! c'est Darius lui-même.
Fuyons, dérobons-nous de ces funestes lieux :
Je ne mérite plus de paroître à ses yeux.

DARIUS.

Demeurez, Amestris, et d'une ame adoucie
Contemplez les horreurs dont mon ame est saisie.
Non que ce triste objet de votre inimitié
Ose encore implorer un reste de pitié.
Ce n'étoit pas assez qu'on m'eût ravi l'empire :
On me ravit encor le seul bien où j'aspire.
J'ai beau porter partout mes funestes regards ;
Je ne vois qu'ennemis, qu'horreurs de toutes parts.
Je ne veux point ici justifier ma flamme ;
Je sais par quels détours on a surpris votre ame :
J'aimerois mieux mourir encor plus malheureux,
Que de vous accabler d'un repentir affreux.
Pourvu que, dans l'éclat de la grandeur suprême,
Vous ne méprisiez plus un prince qui vous aime ;
Qui, né pour commander un jour à l'univers,
S'honoroit cependant de vivre dans vos fers ;

J'irai, sans murmurer de mon sort déplorable,
Terminer loin de vous les jours d'un misérable.
Adieu, chère Amestris. Quoi ! vous versez des pleurs !
Qu'une pitié si tendre adoucit mes malheurs !

AMESTRIS.

Ah ! prince infortuné, le destin qui t'accable
De tes persécuteurs n'est pas le plus coupable.
Pour prix de tant de soins, pour prix de tant d'ardeur,
C'est donc ton Amestris qui te perce le cœur !
Qu'ai-je fait, malheureuse ? et par quel artifice
A-t-on de tant d'horreurs rendu mon cœur complice ;
Ce cœur à tes désirs si charmé de s'offrir,
A tes moindres discours si prêt à s'attendrir ;
Ce cœur qui, tout ingrat qu'il eût lieu de te croire,
Te gardoit cependant la plus tendre mémoire,
Mais, hélas ! aujourd'hui plus coupable à tes yeux
Qu'un ministre insolent, un roi foible, et les dieux ?
C'est en vain que ton cœur absout le mien du crime ;
Avec mon repentir ma fierté se ranime.
Ce n'est plus par des pleurs et par de vains transports
Que je puis contenter mon cœur et mes remords :
Viens me voir, toute en proie à ma juste colère,
Braver la cruauté de ton barbare père,
Te jurer à ses yeux les transports les plus doux,
Malgré tout son pouvoir t'accepter pour époux,
T'offrir de mon amour les plus précieux gages,
Ou du moins par ma mort expier mes outrages.

DARIUS.

Arrêtez, ma princesse. Ah ! c'en est trop pour moi.
Je ne crains plus le sort, mon frère, ni le roi ;

Laissez-moi seul ici conjurer la tempête.
Je vais à mon rival disputer sa conquête :
Ce cœur qui m'est rendu décide de son sort :
Son hymen désormais est moins sûr que sa mort.

AMESTRIS.

Garde-toi sur ses jours d'aller rien entreprendre :
Souffre, sans t'alarmer, que j'ose le défendre.
Si les rivaux étoient tous aussi généreux,
On ne verroit pas tant de criminels entre eux.
C'est lui qui, dans l'aveu qu'il m'a fait de sa flamme,
Sur de cruels soupçons vient d'éclaircir mon ame;
Qui, sensible à tes maux, bien loin d'en abuser,
A l'offre de ma main vient de se refuser.
Je crains trop les transports où ton amour te livre :
Partons, si tu le veux ; je suis prête à te suivre :
Fuyons loin de Xerxès ; mais en quittant ces lieux
Sortons-en, s'il se peut, encor plus vertueux.
Laissons à l'univers plaindre des misérables
Qu'il abandonneroit s'il les croyoit coupables.
J'aime mieux que Xerxès plaigne un jour nos malheurs,
Que de voir ses états en proie à nos fureurs.
Les dieux protégeront des amours légitimes,
Qui ne seront souillés ni d'horreurs ni de crimes.
Contente, pour tout bien, de l'honneur d'être à toi,
Je ne demande plus que ton cœur et ta foi.
Xerxès vient : garde-toi d'un seul mot qui l'offense,
D'armer contre tes jours une juste vengeance ;
Il sera moins aigri d'entendre ici ma voix.
Feignons....

SCÈNE V.

XERXÈS, DARIUS, AMESTRIS,
ARTABAN, TISSAPHERNE, PHÉNICE.

XERXÈS.

C'est donc ainsi que respectant mes lois
Vous osez d'Amestris chercher ici la vue ?

AMESTRIS.

Depuis quand à ses feux est-elle défendue ?
Ah ! seigneur, se peut-il que ce fils malheureux
Vous éprouve toujours si contraire à ses vœux ?
Ne peut-il d'un adieu soulager sa misère?
Et ses moindres regrets offensent-ils son père ?
Ne craignez point que, prêt à vous désobéir,
Il apprenne avec moi, seigneur, à vous trahir :
D'un héros si soumis vous n'avez rien à craindre,
Et vous ne l'entendrez vous braver ni se plaindre.
De vos cruels détours moi seule je gémis ;
Mais mes larmes n'ont point corrompu votre fils.
De la foi des serments l'autorité blessée,
Des droits les plus sacrés la justice offensée,
De vos détours enfin l'exemple dangereux
N'ébranlera jamais un cœur si généreux.

XERXÈS.

Pour son propre intérêt je veux bien vous en croire ;
Je n'en soupçonne rien de honteux à sa gloire.
Qu'il parte cependant; et que la fin du jour
Le trouve, s'il se peut, déjà loin de ma cour.

Vous, suivez-moi, madame, où vous attend son frère.

AMESTRIS.

Où, seigneur?

XERXÈS.

Aux autels.

AMESTRIS.

C'est en vain qu'il l'espère :
Un autre hymen plus doux m'engage sous ses lois.
Regardez ce héros, et jugez de mon choix.
Adieu, cher Darius ; je mourrai ton épouse,
Crois-en de ses serments une amante jalouse ;
Ou j'apprendrai du moins aux malheureux amants
Le moyen de braver la fureur des tyrans.

SCÈNE VI.

XERXÈS, DARIUS, ARTABAN, TISSAPHERNE.

XERXÈS.

Où suis-je ? De quel nom l'orgueilleuse m'outrage !
Quoi ! dans ces mêmes lieux où tout me rend hommage,
Où je tiens dans mes mains le sort de tant de rois,
On m'ose faire entendre une insolente voix !

DARIUS.

Seigneur, qu'attendiez-vous d'une amante irritée,
De ses premiers transports encor tout agitée?
Vous étiez-vous flatté de désunir deux cœurs
Qu'à s'aimer encor plus invitent leurs malheurs ?
Du moins, pour m'accabler avec quelque justice,
Nommez-moi des forfaits dignes de mon supplice.

ACTE III, SCÈNE VI.

Si je suis criminel, eh ! que n'immolez-vous
Ce fils infortuné qui se livre à vos coups ?
Oui, seigneur, (car enfin il n'est plus temps de feindre,
Mon cœur au désespoir ne peut plus se contraindre,)
Avant que de m'ôter l'objet de mon amour,
Il faudra me priver de la clarté du jour.
Tant que d'un seul soupir j'aurai part à la vie,
Amestris à mes vœux ne peut être ravie ;
Je la disputerai de ce reste de sang
Que mes derniers exploits ont laissé dans mon flanc :
A moins que votre bras, plus cruel que la guerre,
De ce malheureux sang n'arrose ici la terre ;
De ce sang toujours prêt à couler pour son roi,
Tant de fois hasardé pour lui prouver ma foi.
Eh ! qui de vos sujets, plus soumis, plus fidèle,
Jamais par plus de soins sut signaler son zèle ?
Et qu'a donc fait, seigneur, ce rival si chéri,
Loin du bruit de la guerre et des tentes nourri,
Peut-être sans vertus que l'honneur de vous plaire,
Pour être de mes droits l'heureux dépositaire ?
Pour faire à vos soldats approuver votre choix,
Qu'il nomme les états conquis par ses exploits ;
Qu'il montre sur son sein ces nobles cicatrices,
Titres que pour régner m'ont acquis mes services.
Droits du sang, zèle, exploits, seigneur, j'ai tout pour moi ;
Et cependant c'est lui que vous faites mon roi !

XERXÈS.

Si vous eussiez moins fait, vous le seriez peut-être ;
Mais je n'ai pas voulu m'associer un maître.

XERXÈS.

Darius, pour régner comptant pour rien ma voix,
A cru qu'il suffisoit que mon peuple en fît choix.
On ne vous voit jamais traverser Babylone,
Qu'aussitôt à grands flots il ne vous environne :
Vous semblez ne courir à de nouveaux exploits,
Que pour venir, après, nous imposer des lois.
Artaxerce d'ailleurs est issu d'une mère
Qu'un tendre souvenir me rendra toujours chère :
La vôtre, de concert avec mes ennemis,
De mon sceptre, en naissant, déshérita son fils.
Non que de mon courroux la constance inhumaine
Vous ait fait après elle hériter de ma haine :
Je veux bien avouer qu'après tant de hauts faits
Vous ne méritiez pas le sort que je vous fais.
Prince, quoi qu'il en soit, je veux qu'on m'obéisse :
J'exige encor de vous ce second sacrifice ;
Partez.

DARIUS.

Qui ? moi, seigneur ?

XERXÈS.

Oui, vous, audacieux.
Avant que le soleil disparoisse à nos yeux,
Si vous n'êtes parti, c'est fait de votre vie.
Artaban, c'est à toi que ton roi le confie :
De son sort désormais je te laisse le soin.

DARIUS.

Roi cruel, père injuste, il n'en est pas besoin ;
Mon sort est dans mes mains.

(Il porte la main sur son épée.)

SCÈNE VII.

DARIUS, ARTABAN, TISSAPHERNE.

ARTABAN.

Que prétendez-vous faire ?
Gardez-vous d'écouter un transport téméraire :
Le roi n'est pas encore éloigné de ces lieux.

DARIUS.

Porte ailleurs tes conseils et tes soins odieux ;
Remplis, sans discourir, les ordres de mon père,
Si tu ne veux toi-même éprouver ma colère.

ARTABAN.

Seigneur, écoutez-moi, le cœur moins prévenu :
Je vois bien que le mien ne vous est pas connu.
De vos cruels soupçons l'injuste défiance,
Vos mépris pour Barsine et pour mon alliance,
Un roi que je pourrois nommer votre tyran,
N'ont point changé pour vous le respect d'Artaban.
Touché de vos vertus plus que de vos outrages,
Mon cœur à vos mépris répond par des hommages :
Heureux si, dans l'ardeur de me venger de vous,
Ce cœur d'un vain honneur eût été moins jaloux !
C'est moi qui par mes soins ai porté votre père
A parer de vos droits un fils qu'il vous préfère :
Mais, hélas ! qu'ai-je fait en y forçant son choix,
Que priver l'univers du plus grand de ses rois ?
Je sens que contre vous un dessein si perfide
Est moins un attentat, qu'un affreux parricide,

Que ne sauroit jamais réparer ma douleur
Qu'en signalant pour vous une juste fureur.
Ce discours, je le vois, a de quoi vous surprendre,
Et ce n'est pas de moi que vous deviez l'attendre :
Mais votre père en vain me comble de bienfaits,
Lorsqu'il s'agit, seigneur, d'expier mes forfaits.
Dans la nécessité de me donner un maître,
J'en veux du moins prendre un qui soit digne de l'être,
Qui de nos ennemis sache percer le flanc,
Et qui sache juger du prix de notre sang ;
Non de ces foibles rois dont la grandeur captive
S'entoure de flatteurs dans une cour oisive ;
Mais un roi vertueux, connu par ses hauts faits,
Tel enfin que le ciel vous offre à nos souhaits.
Artaban désormais n'en reconnoît point d'autre.
Il ne tiendra qu'à vous d'être bientôt le nôtre :
Je vous offre, seigneur, mes trésors et mon bras.
Faisons sur votre choix prononcer les soldats ;
Vous verrez quel secours vous en pouvez attendre.

DARIUS.

Quel étrange discours m'ose-t-on faire entendre !
Je n'ai que trop souffert ce coupable entretien.
Artaban juge-t-il de mon cœur par le sien ?
S'il est assez ingrat, assez lâche, assez traître,
Pour oublier sitôt tous les bienfaits d'un maître
Qui l'a de tant d'honneurs comblé jusqu'aujourd'hui,
Il peut chercher ailleurs des ingrats tels que lui.
Pour moi, soumis aux lois qu'impose la nature,
Je me reproche même un frivole murmure ;

Je respecte en mon roi le maître des humains ;
J'adore en lui du ciel les décrets souverains,
Dont les rois sont ici les seuls dépositaires,
Et non pas des sujets foibles et téméraires.
Qui ? moi trahir Xerxès ! moi troubler ses états !
Ah ! ne me parlez plus de pareils attentats.

ARTABAN.

C'est mal interpréter le zèle qui me guide.

DARIUS.

Ce zèle, quel qu'il soit, ne peut qu'être perfide.

ARTABAN.

Seigneur, dès que le ciel vous fit naître mon roi....

DARIUS.

Laissons là ce vain titre; il n'est plus fait pour moi.
Ce zèle est trop outré pour être exempt de piège ;
Je ne puis estimer qui me veut sacrilège.

ARTABAN.

Et moi, seigneur, et moi, charmé de vos vertus,
J'admire Darius, et l'en aime encor plus :
Je suis touché de voir un cœur si magnanime,
Avec tant de raisons de recourir au crime,
Conserver cependant pour son père et son roi,
Malgré son injustice, une si tendre foi.
Que je plains l'univers de perdre un si grand maître !
Ah ! seigneur, c'est ainsi qu'on est digne de l'être :
C'est par des sentiments si grands, si généreux,
Qu'on mérite en effet notre encens et nos vœux.
Il n'est que Darius, seul semblable à lui-même,
Qui puisse renoncer à la grandeur suprême,

A l'éclat, aux honneurs d'une pompeuse cour,
Et peut-être immoler jusques à son amour.

DARIUS.

Ah ! cruel Artaban, quelle fureur vous guide !
Et que prétend de moi votre adresse perfide ?
Laissez-moi mon respect, laissez-moi mes remords ;
N'excitez point contre eux de dangereux transports.
Je sens qu'au souvenir de ma chère princesse
Toute ma vertu cède à l'ardeur qui me presse.
Pour conserver un bien qui fait tout mon bonheur,
Il n'est rien qu'en ces lieux ne tente ma fureur;
S'il est vrai que mon sort vous intéresse encore,
Sur ce point seulement Darius vous implore.

ARTABAN.

Eh bien ! seigneur, eh bien ! pour vous la conserver,
De ces lieux, s'il le faut, je la vais enlever.
Je vous puis cependant offrir une retraite
Contre vos ennemis, sûre autant que secrète.

DARIUS.

En quels lieux ?

ARTABAN.

C'est ici, dans ce même palais
Dont Xerxès prétendoit vous exclure à jamais.
Pour mieux vous y cacher j'écarterai la garde :
Le droit d'en disposer seul ici me regarde.
Du moment que la nuit aura voilé les cieux,
Nous pourrons enlever Amestris de ces lieux.
Quoi ! Darius balance ! Et quelle est son attente ?
Qu'on lui vienne ravir le jour et son amante ?

ACTE III, SCÈNE VII.

Acceptez le secours que j'ose vous offrir :
A vos ordres, seigneur, ce palais va s'ouvrir.

DARIUS.

Moi, dans ces lieux sacrés que j'ose m'introduire !

ARTABAN.

Quel remords sur ce point peut encor vous séduire ?
Et dans quels lieux, seigneur, puis-je mieux vous cacher ?
Quel mortel osera jamais vous y chercher ?

DARIUS.

C'en est fait, à vos soins Darius se confie.
Je ne hasarde rien en hasardant ma vie ;
Et, pour toutes faveurs, je ne demande aux dieux
Que de pouvoir sortir innocent de ces lieux.

FIN DU TROISIÈME ACTE.

ACTE QUATRIÈME.

SCÈNE I.

ARTABAN, TISSAPHERNE.

ARTABAN.

Tout succède à mes vœux : la nuit la plus obscure,
Au gré de mes désirs, a voilé la nature.
Du sort de Darius je puis donc disposer !
La nuit s'avance, ami ; nous pouvons tout oser.
C'est ici que bientôt Amestris doit se rendre ;
Le prince impatient se lasse de l'attendre.
Cours informer de tout son rival avec soin :
D'un si rare entretien je veux qu'il soit témoin.
Dis-lui ce que j'ai fait pour trahir sa tendresse,
Nos desseins concertés d'enlever la princesse ;
Parle comme un ami peu satisfait de moi,
Indigné de me voir tromper ainsi son roi.
Cette précaution, étrange en apparence,
Plus que le reste encore importe à ma vengeance.
Le temps est précieux, ne perds pas un moment ;
J'attendrai ton retour dans cet appartement.

SCÈNE II.
ARTABAN, seul.

Amour d'un vain renom, foiblesse scrupuleuse,
Cessez de tourmenter une ame généreuse,
Digne de s'affranchir de vos soins odieux.
Chacun a ses vertus, ainsi qu'il a ses dieux.
Dès que le sort nous garde un succès favorable,
Le sceptre absout toujours la main la plus coupable;
Il fait du parricide un homme généreux :
Le crime n'est forfait que pour les malheureux.
Pâles divinités qui tourmentez les ombres,
Et répandez l'effroi dans les royaumes sombres,
Venez voir un mortel, plus terrible que vous,
Surpasser vos fureurs par de plus nobles coups.
Du plus illustre sang ma main bientôt fumante
Va tout remplir ici d'horreur et d'épouvante :
Tout va trembler, frémir; et moi, je vais régner.
Vertu ! c'est à ce prix qu'on peut te dédaigner....
J'aperçois Darius : une affreuse tristesse
Semble occuper son cœur.

SCÈNE III.
DARIUS, ARTABAN.

DARIUS.

Où donc est la princesse?
Ne viendra-t-elle point?

ARTABAN.

Dissipez ce souci :
Je vais dans le moment vous l'envoyer ici.

Pour vous livrer, seigneur, une amante si chère,
J'attendois de la nuit le sombre ministère.
J'ai moi-même avec soin fait le choix des soldats
Qui doivent en Égypte accompagner nos pas.
Je ne crains qu'Amestris : soit crainte ou prévoyance,
Je n'ai trouvé qu'un cœur armé de défiance ;
Elle hésite à vous voir ; je lui parois suspect.
Donnez-moi ce poignard, seigneur : à son aspect,
Peut-être qu'Amestris, qui doutoit de mon zèle,
N'osera soupçonner un témoin si fidèle.

(Darius lui remet son poignard.)

Adieu ; je vais presser un si doux entretien :
Puisse-t-il vous unir d'un éternel lien !

DARIUS.

Allez ; le temps est cher : mon ame impatiente
Commence à se lasser d'une si longue attente.

SCÈNE IV.

DARIUS, seul.

Où vais-je, malheureux? et quel est mon espoir ?
Qu'est devenu ce cœur si plein de son devoir ?
Quoi ! j'ose violer le palais de mon père !
Moi, qui me reprochois une plainte légère,
Qui m'enorgueillissois d'une austère vertu,
Je me rends sans avoir seulement combattu !
D'amant infortuné devenu fils perfide,
J'abandonne mon cœur au transport qui le guide !
C'est ainsi que, de nous disposant à son gré,
L'amour sait de nos cœurs s'emparer par degré ;

Et d'appâts en appâts conduisant la victime,
Il la fait à la fin passer de crime en crime.
Lieux où je prétendois un jour entrer en roi,
Où j'entre en malheureux qui viole sa foi,
Puissent les soins cruels où mon amour m'engage
Vous épargner encore un plus sanglant outrage !
Je ne sais quel effroi vient ici me troubler,
Mais je sens qu'un grand cœur peut quelquefois trembler.
Je combats vainement un trouble si funeste.
En vain je vais revoir le seul bien qui me reste :
Loin de pouvoir goûter un espoir si charmant,
Je ne ressens qu'horreur et que saisissement.
Ce cœur, dans les hasards fameux par son audace,
S'alarme sans savoir quel péril le menace.
On vient : c'est Amestris. Que, dans son désespoir,
Mon triste cœur avoit besoin de la revoir !

SCÈNE V.

AMESTRIS, DARIUS.

DARIUS.

Je vous revois enfin, mon aimable princesse ;
A votre aspect charmant toute ma crainte cesse :
Je me plaignois de vous ; et mon cœur éperdu,
Impatient, troublé d'avoir tant attendu,
Vous accusoit déjà....

AMESTRIS.

Si je m'en étois crue,
Vous ne jouiriez pas de ma funeste vue.

Quel affreux confident vous êtes-vous choisi !
Avec un tel secours, que cherchez-vous ici ?
A quoi destinez-vous des mains si criminelles ?
De tant d'amis, pour vous autrefois si fidèles,
Ne vous reste-t-il plus que le seul Artaban,
Ce ministre odieux des fureurs d'un tyran,
De tous vos ennemis le plus cruel peut-être,
Caché sous des écueils familiers à ce traître ?
Contre de vains détours ce grand cœur affermi,
Qui sait avec tant d'art surprendre un ennemi,
Avec tant de valeur si plein de prévoyance,
A des amis de cour se livre sans prudence !
Je frémis : chaque instant, chaque pas que je fais,
Jusqu'au silence affreux qui règne en ce palais,
Tout me remplit d'effroi : mille tristes présages
Semblent m'offrir la mort sous d'horribles images.
Vous ne la voyez pas, seigneur ; votre grand cœur
S'est fait un soin cruel d'en mépriser l'horreur :
Mais moi, de vos mépris instruite par les larmes
Qu'arrachent de mon cœur mes secrètes alarmes,
Je crois déjà vous voir, le couteau dans le flanc,
Expirer à mes pieds, noyé dans votre sang.
Fuyez ; épargnez-moi le terrible spectacle
De vous voir dans mes bras égorger sans obstacle :
Fuyez ; ne souillez point d'un plus long attentat
Ces lieux où vous devez n'entrer qu'avec éclat.
Je vous dirai bien plus : quoique je la respecte,
Votre vertu commence à m'être ici suspecte.
Allez m'attendre ailleurs ; laissez à mon amour
Le soin de vous rejoindre et de fuir de la cour :

Surtout n'exposez plus une si chère vie.

####### DARIUS.

Ma princesse, eh ! comment voulez-vous que je fuie ?
De ce palais sacré j'ignore les détours ;
Et quand je les saurois, quel odieux recours !
Dût le ciel irrité lancer sur moi la foudre,
A vous abandonner rien ne peut me résoudre.
C'est pour vous enlever de ces funestes lieux
Qu'à mille affreux périls je ferme ici les yeux.
Dussé-je contre moi voir s'armer ma princesse,
J'attendrai qu'Artaban me tienne sa promesse :
Après ce qu'il a fait et ce qu'il m'a promis,
Nul soupçon de sa foi ne peut m'être permis.

####### AMESTRIS.

Malheureux ! à l'objet que vous voyez paroître,
Reconnoissez les soins que vous gardoit le traître.

SCÈNE VI.
ARTAXERCE, DARIUS, AMESTRIS.

####### ARTAXERCE.

Sur des avis secrets, peu suspects à ma foi,
En vain je m'attendois à voir ce que je voi.
Au milieu de la nuit une telle entrevue,
En des lieux si sacrés, étoit si peu prévue,
Que, malgré le courroux dont mon cœur est saisi,
J'ai peine à croire encor ce que je vois ici.
Depuis quand aux humains ces lieux inaccessibles
Prêtent-ils aux amants des retraites paisibles ?

Ignore-t-on encor que ce lieu redouté
Est le séjour du trône et de la majesté?
C'est pousser un peu loin l'audace et l'imprudence,
Que d'oser de vos feux lui faire confidence.
Qui jamais eût pensé qu'un prince vertueux,
Devenu moins soumis et moins respectueux,
N'écoutant désormais qu'un désespoir injuste,
Eût osé violer une retraite auguste,
Braver son père, avoir un odieux recours
A ceux qu'il a chargés de veiller sur ses jours?
Avec un tel appui, que prétendez-vous faire?
Qui vous fait en ces lieux mettre un pied téméraire?

DARIUS.

Cesse de t'informer où tendent mes projets,
Et ne pénètre point jusque dans mes secrets.
Crois-moi : loin d'abuser d'une injuste puissance,
Ingrat, ressouviens-toi des droits de ma naissance;
Qu'à moi seul appartient celui de commander.

ARTAXERCE.

Je crains bien qu'en effet l'espoir d'y succéder,
Déguisant dans ton cœur la fureur qui te guide,
Ici, moins qu'un amant, n'ait conduit un perfide.
Si tu n'avois cherché qu'à revoir Amestris,
Ce n'est pas dans ces lieux que je t'aurois surpris ;
L'amour ne cherche pas un si terrible asile.
D'ailleurs, à ce mystère Artaban inutile
N'eût pas été choisi pour servir tes amours.
On a bien d'autres soins avec un tel secours.
D'où vient que ce palais, devenu solitaire,
Se trouve dépouillé de sa garde ordinaire?

Je n'entrevois ici que projets pleins d'horreur.

DARIUS.

Ah! c'est trop m'outrager; il faut qu'à ma fureur....

AMESTRIS.

Arrêtez, gardez-vous d'oser rien entreprendre.
Je ne sais quelle voix vient de se faire entendre;
Mais d'effroyables cris sont venus jusqu'à moi :
Tout mon sang dans mon cœur s'en est glacé d'effroi.

ARTAXERCE, à Darius.

Tremble; c'est à ce bruit, qui t'annonce mon père,
Qu'il faut.... Va, malheureux, évite sa colère.

SCÈNE VII.

ARTAXERCE, DARIUS, AMESTRIS,
ARTABAN.

ARTAXERCE.

Que vois-je? quel objet se présente à mes yeux?
Artaban, est-ce vous?

ARTABAN.

O dieux! injustes dieux!

ARTAXERCE.

Quel horrible transport! Expliquez-vous, de grace;
Dans ces augustes lieux qu'est-ce donc qui se passe?

ARTABAN.

Grands dieux, qui connoissez les forfaits des humains,
A quoi sert désormais la foudre dans vos mains?
Souverain protecteur de ce superbe empire,
Ame de l'univers, par qui seul tout respire,

Ne dissipe jamais les ombres de la nuit,
Si tu ne veux souiller la clarté qui te suit.
Dès que de tels forfaits les mortels sont capables,
Ils ne méritent plus tes regards favorables.

ARTAXERCE.

D'où naît ce désespoir ? Quel étrange malheur....

ARTABAN.

Ah ! seigneur, est-ce vous ? O comble de douleur !
Hélas ! mon roi n'est plus.

ARTAXERCE.

    Il n'est plus !

DARIUS.

        O mon père !

AMESTRIS.

Qu'un trépas si soudain m'annonce un noir mystère !

ARTABAN.

Seigneur, Xerxès est mort : une barbare main
De trois coups de poignard vient de percer son sein.

ARTAXERCE.

Ah ! qu'est-ce que j'entends, Darius ?

DARIUS.

       Artaxerce !

ARTABAN.

Grands dieux, réserviez-vous ce forfait à la Perse ?

DARIUS.

Laissez de ces transports le vain emportement,
Ou donnez-leur du moins plus d'éclaircissement.
Est-ce ainsi que, chargé d'une tête si chère,
Artaban veille ici sur les jours de mon père ?

ACTE IV, SCÈNE VII.

De ce dépôt sacré qu'avez-vous fait ? Parlez.

ARTABAN.

Moi, ce que j'en ai fait ? Quelle audace ! Tremblez.

DARIUS.

Parlez, expliquez-vous.

ARTABAN.

Non, la même innocence
N'auroit pas un maintien plus rempli d'assurance.
Il faut avoir un cœur au crime bien formé,
Pour m'entendre sans trouble et sans être alarmé.

DARIUS.

Je ne puis plus souffrir cette insolence extrême.
A qui s'adresse donc ce discours ?

ARTABAN.

A vous-même.

DARIUS.

A moi ; perfide ! à moi ?

ARTABAN.

Barbare, à qui de nous,
Puisque ce coup affreux n'est parti que de vous ?

DARIUS.

Ah ! monstre imposteur !

ARTABAN.

Frappe, immole encor ton frère ;
Joins notre sang au sang de ton malheureux père.

DARIUS.

Quoi ! prince, vous souffrez qu'il ose m'accuser ?

ARTAXERCE.

Darius, c'est à toi de m'en désabuser.

DARIUS.

Quoi ! d'un esclave indigne appuyant l'imposture,
Vous-même à votre sang vous feriez cette injure !
J'avois cru que ce cœur qu'Artaxerce connoît.....

ARTABAN.

Traître ! on n'est pas toujours tout ce que l'on paroît.
Mais d'un crime si noir il est plus d'un complice :
Le cruel n'a pas seul mérité le supplice.
Seigneur, apprenez tout ; c'est moi qui cette nuit
L'ai dans ces lieux sacrés en secret introduit.
Comme il ne demandoit qu'à revoir la princesse,
Touché de ses malheurs, j'ai cru qu'à sa tendresse
Je pouvois accorder ce généreux secours ;
Mais, tandis qu'à servir ses funestes amours
Loin de ces tristes lieux m'occupoit le perfide,
Sa main les a souillés du plus noir parricide.
De mes soins pour l'ingrat j'allois voir le succès,
Quand, passant près des lieux retraite de Xerxès,
Dont une lueur foible écartoit les ténèbres,
Votre nom, prononcé parmi des cris funèbres,
M'a rempli tout-à-coup et d'horreur et d'effroi.
J'entre. Jugez, seigneur, quel spectacle pour moi,
Quand ce prince, autrefois si grand, si redoutable,
Des pères malheureux exemple déplorable,
S'est offert à mes yeux sur son lit étendu,
Tout baigné dans son sang lâchement répandu,
Qui de ce même sang, mais d'une main tremblante,
Nous traçoit de sa mort une histoire sanglante,
Puisant, dans les ruisseaux qui couloient de son flanc,
Le sang accusateur des crimes de son sang :

Monument effroyable à la race future !
Caractères affreux dont frémit la nature !
Ce prince, à mon aspect rappelant ses esprits,
S'est fait voir dans l'état où ce traître l'a mis.
« Tu frémis, m'a-t-il dit, à cet objet funeste :
Tu frémiras bien plus quand tu sauras le reste.
Quelle barbare main a commis tant d'horreurs !
Cher Artaban, approche, et lis par qui je meurs.
Le fils cruel que j'ai dépouillé de l'empire
Dans le sein paternel.... » A ces mots il expire!
Traître, d'aucun remords si ton cœur n'est pressé,
Viens voir ces traits de sang où ton crime est tracé.

DARIUS.

Où tend de ce trépas la funeste peinture ?
Crois-tu par ce récit prouver ton imposture ?
Ne crois pas ébranler un cœur comme le mien ;
Je confondrai bientôt l'artifice du tien.
Dis-moi, traître, dis-moi, puisque mon innocence
Est contre un tel témoin réduite à la défense,
Qui peut m'avoir conduit jusqu'à ce lit sacré,
Du reste des mortels, hors toi seul, ignoré,
Dont n'auroit pu m'instruire une foible lumière ?

ARTABAN.

Que sais-je ? Le destin ennemi de ton père.

AMESTRIS, à Artaxerce.

Ah ! seigneur, c'en est trop ; et mon cœur irrité
Ne peut, sans murmurer de cette indignité,
Voir le vôtre souffrir qu'avec tant d'insolence
Un traître ose à mes yeux opprimer l'innocence ;

Que, la main teinte encor du sang qu'il fit couler,
De sa fausse douleur prêt à vous aveugler,
Il ose de son crime accabler votre frère,
Sans exciter en vous une juste colère.
Il ne vous reste plus, crédule et soupçonneux,
Que de nous partager un crime si honteux.

DARIUS.

Ah ! madame, souffrez que ma seule innocence
Se charge contre lui du soin de ma défense.

(à Artaban.)

Pour convaincre de crime un prince tel que moi,
Malheureux ! il faut bien d'autres témoins que toi.
Tu n'es que trop connu.

ARTABAN.

J'ai voulu voir, barbare,
Jusqu'où pourroit aller une audace si rare ;
Mais sous tes propres coups il te faut accabler.
Regarde, si tu peux, ce témoin sans trembler.

(Il lui montre son poignard.)

DARIUS.

Grands dieux !

ARTABAN.

Voyez, seigneur, voyez ce fer perfide,
Que du sang de son père a teint le parricide,
Encor tout dégouttant de ce sang précieux
Dont l'aspect fait frémir la nature et les dieux.
Roi des rois, c'est à toi que ma douleur l'adresse :
Arme-s-en désormais une main vengeresse ;
Efface, en le plongeant dans son perfide sein,
Ce qui reste dessus du crime de sa main.

ACTE IV, SCÈNE VII.

DARIUS.

Je demeure interdit. Dieux puissants, quoi ! la foudre
Ne sort pas de vos mains pour le réduire en poudre ?
Ah ! traître, oses-tu bien employer contre moi
Ce fer que l'amour seul a commis à ta foi ?
Barbare, c'étoit donc à ce funeste usage
Que ta main réservoit un si précieux gage !
Prince, je n'ai besoin, pour me justifier,
Que de ce même fer qu'il s'est fait confier.
Il a feint qu'Amestris...

ARTAXERCE.

Ah ! misérable frère,
Malheureux assassin de ton malheureux père,
Que peux-tu m'opposer qui puisse dans mon cœur
Balancer ce témoin de ta noire fureur ?
Juste ciel ! se peut-il que de tels sacrifices
De mon règne naissant consacrent les prémices ?

DARIUS.

C'en est fait, je succombe ; et mon cœur abattu
Contre tant de malheurs se trouve sans vertu.

AMESTRIS.

Défends-toi, Darius ; que ton cœur se rassure :
L'innocence a toujours confondu l'imposture.
C'est un droit qu'en naissant elle a reçu des dieux,
Qui partagent l'affront qu'on te fait en ces lieux.

DARIUS.

Je n'en ai que trop dit ; et la fière innocence
Souffre malaisément une longue défense.

Quoi! vous voulez, madame, encor m'humilier
Au point de me forcer à me justifier !
De quel droit mon sujet, paré d'un plus haut titre,
Du destin de son roi deviendra-t-il l'arbitre ?
Né le premier d'un sang souverain en ces lieux,
Je ne connois ici de juges que les dieux.

ARTAXERCE.

Ne crains point qu'abusant du pouvoir arbitraire
Ton frère de ton sort décide en téméraire :
Du sang de tes pareils on ne doit disposer,
Qu'au poids de la justice on ne l'ait su peser.
Tout parle contre toi ; mais telle est la victime,
Qu'il faut aux yeux de tous la convaincre de crime.
Pour en décider seul mon cœur est trop troublé.

(à Artaban.)

Allez ; que par vos soins le conseil rassemblé
Se joigne en ce moment aux mages de la Perse :
C'est sur leurs voix que doit prononcer Artaxerce.
Consultons sur ce point les hommes et les dieux.

(aux personnes de sa suite.)

Vous, observez le prince, et gardez-le en ces lieux.

(à Darius.)

Adieu. Puisse le ciel s'armer pour l'innocence,
Ou de ton crime affreux m'épargner la vengeance !

SCÈNE VIII.
DARIUS, AMESTRIS.

DARIUS.

Ce n'est donc plus qu'à vous, grands dieux, que j'ai recours!
Non pas dans le dessein de conserver mes jours ;

ACTE IV, SCÈNE VIII.

Sauvez-moi seulement d'une indigne mémoire.
Que du moins ces lauriers fameux par tant de gloire,
Des honneurs souverains par le sort dépouillés,
D'un opprobre éternel ne soient jamais souillés !
Ah ma chère Amestris ! quelle horreur m'environne !
Quel sceptre ! quels honneurs ! quels titres pour le trône !
Faut-il que tant de gloire et que des feux si beaux
Se trouvent terminés par la main des bourreaux ?

AMESTRIS.

Non, mon cher Darius, ne crains rien de funeste :
Les dieux seront pour toi, puisqu'Amestris te reste.
Je n'offre point de pleurs à ton sort malheureux :
L'amour attend de moi des soins plus généreux.
Je vais, dans tous les cœurs enchantés de ta gloire,
Te laver du soupçon d'une action si noire.
Tu verras ton triomphe éclater en ce jour :
Crois-en le ciel vengeur, tes vertus, mon amour.
J'armerai tant de bras, que ton barbare frère
Me rendra mon amant, ou rejoindra ton père.

FIN DU QUATRIÈME ACTE.

ACTE CINQUIÈME.

SCÈNE I.

ARTABAN, seul.

Le soleil va bientôt chasser d'ici la nuit,
Et de mon crime heureux éclairer tout le fruit.
Darius est perdu : sa tête infortunée
Sous le couteau mortel va tomber condamnée.
De ma fureur sur lui rejetant les horreurs,
De la soif de son sang j'ai rempli tous les cœurs.
De leur amour pour lui je ne crains plus l'obstacle :
Sa tête, à ses sujets triste et nouveau spectacle,
Va me servir enfin, dans ce jour éclatant,
De degré pour monter au trône qui m'attend.
Il ne me reste plus qu'à frapper Artaxerce :
Il est si peu fameux, si peu cher à la Perse,
Que, parmi les frayeurs d'un peuple épouvanté,
A peine ce forfait me sera-t-il compté.
A travers tant de joie un seul souci me reste ;
C'est de mes attentats le complice funeste,
Le lâche Tissapherne, indigne d'être admis
A l'honneur du forfait que ma main a commis.
Je l'ai vu, dans le temps que mon cœur magnanime
S'immoloit sans frémir une illustre victime,

Pâlir d'effroi, m'offrir, d'une tremblante main,
Le secours égaré d'un vulgaire assassin.
On eût dit, à le voir, dans ce moment terrible
Où le sang et les cris me rendoient inflexible,
Considérer l'autel, la victime et le lieu,
Que sa main sacrilège alloit frapper un dieu.
Dès qu'à de tels forfaits l'ambition nous livre,
Tout complice un moment n'y doit jamais survivre :
C'est vouloir qu'un secret soit bientôt révélé.
Ou complice, ou témoin, tout doit être immolé.
Tandis qu'ici la nuit répand encor ses ombres,
Précipitons le mien dans les royaumes sombres.
Il faut que de ce fer, teint d'un si noble sang,
Pour prix de sa pitié je lui perce le flanc.
Allons.... Mais quel objet à mes yeux se présente ?

SCÈNE II.
ARTABAN, BARSINE.

BARSINE.

Seigneur, vous me voyez éperdue et tremblante :
Je vous cherche, le cœur plein d'horreur et d'effroi.
Quelle affreuse nouvelle a passé jusqu'à moi !
Tout se remplit ici de troubles et d'alarmes :
Vos gardes désolés versent partout des larmes.
On dit....

ARTABAN.

Et que dit-on ?

BARSINE.

Qu'une perfide main
Du malheureux Xerxès vient de percer le sein.

ARTABAN.

Que peut vous importer cette affreuse nouvelle ?
Et quel soin si pressant près de moi vous appelle ?

BARSINE.

On dit que Darius de ces barbares coups,
Peut-être injustement, est accusé par vous.
Je vois qu'ici pour lui tous les cœurs s'intéressent.

ARTABAN.

Je vois en sa faveur que trop de soins vous pressent :
C'est vous inquiéter du sort d'un malheureux
Plus que vous ne devez, et plus que je ne veux.

BARSINE.

Je vois qu'ici l'envie attaque votre gloire :
Pour moi, je sais, seigneur, tout ce que j'en dois croire.
Mais si, malgré l'horreur d'un si noir attentat,
Vous pouviez conserver Darius à l'état,
Les Perses, enchantés de sa valeur suprême,
Croiroient ne le devoir désormais qu'à vous-même.
En les satisfaisant, vous pourriez aujourd'hui
De ce prince, d'ailleurs, vous faire un sûr appui.
Rendez à l'univers ce héros magnanime,
Que, malgré vous, le peuple absout déjà du crime.

ARTABAN.

C'est-à-dire qu'il faut, pour contenter vos vœux,
Que je mette aujourd'hui le crime entre nous deux ;
Et peut-être, bien plus, pour sauver le perfide,
Que je me charge ici moi seul du parricide ?
Fille indigne de moi, qui crois m'en imposer,
Ce n'est pas à mes yeux qu'il faut se déguiser.

ACTE V, SCÈNE II.

Les cœurs me sont ouverts; rien ne te sert de feindre :
Des foiblesses du tien parle sans te contraindre;
Dis-moi que pour l'ingrat ton lâche cœur épris
Des transports les plus doux paye tous ses mépris ;
Que, ce cœur démentant et sa gloire et ma haine,
Le soin de le sauver est le seul qui t'amène :
Et je te répondrai ce qu'un cœur généreux
Doit répondre, indigné d'un amour si honteux.
Lâche ! pour ton amant n'attends aucune grace :
La pitié dans mon cœur n'a jamais trouvé place.
Pour peu qu'à l'émouvoir elle ose avoir recours,
Barsine peut compter que c'est fait de ses jours.

BARSINE.

C'en est donc fait, seigneur, vous n'avez plus de fille.

ARTABAN.

Opprobre désormais d'une illustre famille,
Et qu'importe à ton père ou ta vie ou ta mort?
Va, fuis loin de mes yeux, crains un juste transport.
On vient : éloigne-toi, si tu ne veux d'un père
Éprouver ce que peut une juste colère.

(Barsine sort.)

SCÈNE III.

ARTABAN, seul.

Ce n'est point par des pleurs que l'on peut émouvoir
Un cœur qui ne connoît amour, lois, ni devoir.
Artaxerce paroît, achevons notre ouvrage :
Mais, avant que ce coup signale mon courage,

Je veux que par mes soins Darius immolé
Soulève contre lui le peuple désolé :
Faisons-en sur lui seul tomber toute la haine.

SCÈNE IV.
ARTAXERCE, ARTABAN.

ARTABAN.

Vous soupirez, seigneur ; un soin secret vous gêne :
Mais de votre pitié reconnoissez le fruit.
Par les pleurs d'Amestris tout le peuple est séduit.
L'ingrate, n'écoutant que l'amour qui la guide,
Rejette sur vous seul un affreux parricide.
On l'a vue en fureur s'échapper de ces lieux,
Porter de toutes parts ses pleurs séditieux.
A sauver Darius Babylone s'apprête,
A moins que par sa mort votre main ne l'arrête.
De ses fausses vertus un vain peuple abusé,
Malgré le crime affreux dont il est accusé,
Non seulement, seigneur, le plaint et lui pardonne,
Mais va jusqu'à vouloir le placer sur le trône.
Si jamais Darius échappe de vos mains,
Pour vous le conserver nos efforts seront vains :
Les soldats éblouis, plus touchés de sa gloire
Qu'indignés d'un forfait si difficile à croire,
Ardents à le servir, viendront de toutes parts
A flots impétueux grossir ses étendards.
Jugez alors, jugez si, bourreau de son père,
Sa main balancera pour immoler un frère

ACTE V, SCENE IV.

Qui retient, en faveur d'un lâche meurtrier,
Ce bras qui l'auroit dû déjà sacrifier.
Signalez, par les soins d'une prompte vengeance,
Votre justice ainsi que votre prévoyance :
Songez que vous avez plus à le prévenir,
Que vous n'avez encor, seigneur, à le punir.

ARTAXERCE.

Vous ignorez, hélas ! combien je suis à plaindre;
Non point par les périls que vous me faites craindre,
Mais par le souvenir d'un frère trop chéri,
Que je ne puis frapper sans en être attendri.
On l'a jugé coupable, et c'est fait de sa vie.
Mais, avant qu'à Xerxès mon cœur le sacrifie,
Je veux le voir encor dans ses derniers moments :
Je n'en saurois vouloir trop d'éclaircissements.

ARTABAN.

Sur quoi prétendez-vous que l'on vous éclaircisse ?
Pourriez-vous de ma part craindre quelque artifice ?

ARTAXERCE.

Non ; mais je veux enfin, quoiqu'il soit condamné,
Voir encore un moment ce prince infortuné.
Qu'on se garde surtout de hâter son supplice.

SCÈNE V.

ARTAXERCE, seul.

Toi, qui de ma douleur attends ce sacrifice,
Ombre du plus grand roi qui fut dans l'univers,
Qu'une barbare main fit descendre aux enfers,

Dissipe les horreurs d'un doute qui m'accable.
Le vengeur est tout prêt, montre-moi le coupable :
N'expose point un cœur qu'irrite ton trépas
A des crimes certains pour un qui ne l'est pas.
Prends pitié de ton sang; fais que ma main funeste,
En croyant le venger, n'en verse pas le reste.
Je ne sais quelle voix me parle en sa faveur;
Mais jamais la pitié n'attendrit tant un cœur.
Dieux vengeurs des forfaits, appuis de l'innocence,
Vous sur qui nous osons usurper la vengeance,
Grands dieux, épargnez-moi le reproche fatal
De n'avoir immolé peut-être qu'un rival.

SCÈNE VI.
ARTAXERCE, AMESTRIS.

AMESTRIS.

C'EN est donc fait, cruel ! sans que rien vous arrête,
A le sacrifier votre fureur s'apprête !
Barbare, pouvez-vous, sans mourir de douleur,
Prononcer un arrêt qui fait frémir d'horreur ?
Quoi ! d'aucune pitié votre ame n'est émue !
Quel funeste appareil vient de frapper ma vue !
Ah ! seigneur, se peut-il qu'un cœur si généreux,
Altéré désormais du sang des malheureux,
Sur la foi d'un cruel, bourreau de votre père,
De ses propres forfaits puisse punir un frère ?
Et quel frère, grands dieux ! Le plus grand des mortels,
Moins digne de soupçons, que d'encens et d'autels.
Est-ce à moi de venir dans votre ame attendrie
De cet infortuné solliciter la vie ?

ACTE V, SCÈNE VI.

Si rien en sa faveur ne vous peut émouvoir,
Craignez du moins, craignez mon juste désespoir ;
Et ne présumez pas qu'au sein de Babylone
A de lâches complots le peuple l'abandonne.
O désir de régner ! que ne peut ta fureur,
Puisqu'elle a pu sitôt corrompre un si grand cœur ?
Car ne vous flattez pas que d'un tel sacrifice
On puisse à d'autres soins imputer la justice.
Dites du moins, cruel, à quel prix en ces lieux
Vous prétendez donc mettre un sang si précieux.
Est-ce au prix de ma main ? est-ce au prix de ma vie ?
Barbare, vous pouvez contenter votre envie.
Prononcez : j'en attends l'arrêt à vos genoux ;
Et l'attends sans trembler, s'il est digne de vous.

SCÈNE VII.

ARTAXERCE, DARIUS, AMESTRIS, Gardes.

DARIUS.

Ah ! madame, cessez de prendre ma défense ;
Laissez aux dieux le soin d'appuyer l'innocence.
C'est rendre en ce moment mon rival trop heureux,
Que de vous abaisser à des soins si honteux.
Solliciter pour moi, c'est m'avouer coupable.
Laissez, sans le flétrir, périr un misérable.
Quand vous triompheriez de son inimitié,
Ma vertu ne veut rien devoir à sa pitié.

(à Artaxerce.)

Puisqu'on m'a prononcé ma sentence mortelle,
Parle, d'où vient qu'ici ta cruauté m'appelle ?

Que prétends-tu de moi dans ces moments affreux ?
Est-ce pour insulter au sort d'un malheureux ?
Va, cruel, sois content : le ciel impitoyable
Ne peut rien ajouter au destin qui m'accable.
Jouis d'un sceptre acquis au mépris de mes droits :
Soumets, si tu le peux, Amestris à tes lois :
Pour combler de ton cœur toute la barbarie,
Achève de m'ôter et l'honneur et la vie ;
Mais laisse-moi mourir sans m'offrir des objets
Qui ne font qu'irriter mes maux et mes regrets.
Je ne veux point, ingrat, dans ton ame cruelle
Te rappeler pour toi mon amitié fidèle :
Rien ne me serviroit de t'en entretenir,
Puisqu'il t'en reste à peine un triste souvenir.
Rappelle seulement mes premières années,
Glorieuses pour moi, quoique peu fortunées ;
Cet amour scrupuleux et des dieux et des lois,
Cet austère devoir signalé tant de fois,
Ces transports de vertu, cette ardeur pour la gloire,
Dont nul autre penchant n'a flétri la mémoire ;
Ce respect pour mon roi, que rien n'a pu m'ôter :
C'est avec ces témoins qu'il me faut confronter,
Non avec Artaban, souillé de trop de crimes
Pour donner de sa foi des garants légitimes ;
Qui, pour t'en imposer, ne produit contre moi
Qu'un poignard désormais peu digne de ta foi.
« Amestris, m'a-t-il dit, doute encor de mon zèle ;
Ce fer peut me servir de garant auprès d'elle ;
Un moment à mes soins daignez le confier. »
Mais c'est trop m'abaisser à me justifier.

ACTE V, SCÈNE VII.

Tout est prêt, m'a-t-on dit. Adieu, barbare frère,
Plus injuste pour moi que ne le fut mon père.
Les dieux te puniront un jour de mes malheurs....
Tu détournes les yeux ! je vois couler tes pleurs !
Hélas ! et que me sert que ton cœur s'attendrisse,
Tandis que ta fureur me condamne au supplice ?
Quel opprobre, grands dieux ! et quelle indignité !
Au supplice ! qui ? moi ! L'avois-je mérité ?
De tant de noms fameux, en ce moment funeste,
Le nom de parricide est le seul qui me reste !
Je me sens à ce nom agité de fureur.
Ah ! cruel, s'il se peut, épargne-m'en l'horreur.

ARTAXERCE.

Ah ! frère infortuné, plus cruel que moi-même,
Eh ! que puis-je pour toi dans ce malheur extrême ?
Est-ce moi qui t'ai seul chargé d'un crime affreux ?
Ai-je prononcé seul un arrêt rigoureux ?
Que n'ai-je point ici tenté pour ta défense ?
J'aurois de tout mon sang payé ton innocence;
Et si je n'avois craint que d'un si noir forfait
Ma pitié ne m'eût fait soupçonner en secret,
J'aurois, pour conserver une tête si chère,
Trahi les lois, trahi jusqu'au sang de mon père.
Plains-toi, si tu le veux, d'un devoir trop fatal ;
Accuse-s-en le juge, et non pas le rival.
Quels que soient ses appas, quelque ardeur qui me presse,
Je te donne ma foi que jamais la princesse,
Libre par ton trépas d'obéir à la loi,
Ne me verra tenter un cœur qui fut à toi.

L'instant fatal approche : adieu, malheureux frère,
Victime qu'à regret je dévoue à mon père ;
Dans ces moments affreux, si terribles pour toi,
Victime cependant moins à plaindre que moi.
Adieu. Malgré les coups dont le destin t'accable,
Va mourir en héros, et non pas en coupable.

DARIUS.

Va, je n'ai pas besoin de conseils pour mourir :
La mort, sans m'effrayer, à mes yeux peut s'offrir.
C'est le supplice, et non le trépas qui m'offense ;
C'est de te voir, cruel, braver mon innocence,
Te plaire en ton erreur, chercher à t'abuser.

ARTAXERCE.

Ingrat, qui veux-tu donc que je puisse accuser ?
Croirai-je qu'Artaban, qui perd tout en mon père,
Ait porté sur son prince une main meurtrière ?
Quel espoir sous mon règne auroit flatté son cœur,
Moi qui ne l'ai jamais pu voir qu'avec horreur ?
Rien ne peut désormais retarder ton supplice.

DARIUS.

Et le ciel peut souffrir cette horrible injustice !
Ah ! misérable honneur ! malheureuse vertu !
Hélas ! que m'a servi d'en être revêtu ?
Quoi ! je meurs accusé du meurtre de mon père,
Et, pour comble d'horreur, condamné par mon frère !
Allons, c'est trop se plaindre ; il faut remplir mon sort,
Et subir sans frémir la honte de ma mort.
Adieu, chère Amestris : ne versez plus de larmes ;
Contre cet inhumain ce sont de foibles armes.

ACTE V, SCÈNE VII. 155

Les cœurs ne sont plus faits ici pour s'attendrir.
Il faut nous séparer, madame; il faut mourir.

AMESTRIS.

Vous, mourir! Ah! seigneur, c'est en vain qu'un barbare....

ARTAXERCE.

Otez-moi ces objets, gardes; qu'on les sépare.

SCÈNE VIII.

DARIUS, ARTAXERCE, AMESTRIS. BARSINE, Gardes.

BARSINE.

Arrête, Darius; arrête, roi des rois;
Et sois, en frémissant, attentif à ma voix.
La justice du ciel, lente, mais toujours sûre,
S'est lassée à la fin d'appuyer l'imposture.
Apprends un crime affreux qui te fera trembler....
Mais ce n'est pas à moi de te le révéler;
Tu n'apprendras que trop une action si noire.
C'est pour m'en épargner l'odieuse mémoire,
Pour n'en point partager et l'horreur et l'affront,
Que ma main a fait choix du poison le plus prompt.
Tout ce qu'en ce moment Barsine te peut dire,
C'est qu'elle est innocente, et qu'Artaban expire:
Tissapherne qui vit, quoique prêt à mourir,
Complice du forfait, peut seul le découvrir.

(à Darius.)

Adieu, prince; je meurs à plaindre, mais contente
D'avoir pu conserver une tête innocente.

Heureuse d'effacer, dans ces tristes moments,
Ce qu'un père cruel t'a causé de tourments !

DARIUS.

Achevez, justes dieux, d'éclairer l'innocence ;
Mais ne vous chargez point du soin de ma vengeance.

ARTAXERCE.

Qu'ai-je entendu, mon frère ? et que dois-je penser ?

DARIUS.

A m'aimer, à me plaindre, et ne plus m'offenser ;
Et si quelque soupçon peut encor te séduire,
Tissapherne paroît qui pourra le détruire.
Daigne l'interroger.

SCÈNE IX.

DARIUS, ARTAXERCE, AMESTRIS,
TISSAPHERNE, GARDES.

TISSAPHERNE, aux gardes.

Vos soins sont superflus :
Barbares, laissez-moi ; je ne me connois plus....
Que vois-je ? Darius ! Ah ! prince magnanime,
Que j'ai craint de vous voir succomber sous le crime !
Quoi ! vous vivez encor ! mes vœux sont satisfaits :
Le ciel, sans m'effrayer, peut frapper désormais.
Je ne craignois, seigneur, que de voir l'imposture
Triompher aujourd'hui d'une vertu si pure ;
Mais puisque vous vivez, quel que soit mon forfait,
Je vais en ce moment l'avouer sans regret.
C'est Artaban et moi dont la fureur impie
Du malheureux Xerxès vient de trancher la vie.

Séduit par les projets d'un odieux ami,
Contre la majesté par l'ingrat affermi,
Sur quelque vain espoir aux forfaits enhardie
Ma main a seule ici servi sa perfidie.
Il prétendoit régner, et vous perdre tous deux :
Mais, craignant de ma part des remords dangereux,
Il en a cru devoir prévenir l'injustice,
Et le traître n'a fait que hâter son supplice.
Je viens de l'immoler aux mânes de mon roi.

ARTAXERCE.

Penses-tu par sa mort t'acquitter envers moi ?

TISSAPHERNE.

Je ne sais si son sang pourra vous satisfaire ;
Mais je puis sans péril braver votre colère.
Dans l'état où je suis je ne crains que les dieux.

(on l'emporte.)

SCÈNE X.

DARIUS, ARTAXERCE, AMESTRIS,
GARDES.

ARTAXERCE.

QUE je dois désormais te paroître odieux !
Ah ! mon cher Darius, par quels soins, quels hommages,
Pourrai-je dans ton cœur réparer tant d'outrages ?

DARIUS.

Seigneur, vous le pouvez : rendez-moi le seul bien
Qui puisse désarmer un cœur comme le mien.

ARTAXERCE.

Si sur le moindre espoir je pouvois y prétendre,
Ce bien n'est pas celui que je voudrois te rendre ;
J'en connois trop le prix : mais, malgré mon ardeur,
Prince, je ne sais pas tyranniser un cœur.
Dès qu'on a pu porter l'amour de la justice
Jusqu'à vouloir livrer son sang même au supplice,
Tout doit dans notre cœur céder à l'équité.
Reçois-en donc ce prix de ta fidélité.
Afin qu'à mes bienfaits tout le reste réponde,
Je te rends la moitié de l'empire du monde.

FIN.

SÉMIRAMIS,

TRAGÉDIE,

Représentée pour la première fois le
10 avril 1717.

PERSONNAGES.

SÉMIRAMIS.
NINIAS, fils de Sémiramis, élevé sous le nom d'Agénor.
BÉLUS, frère de Sémiramis.
TÉNÉSIS, fille de Bélus.
MERMÉCIDE, gouverneur de Ninias.
MADATE, confident de Bélus.
MIRAME, confident de Ninias.
ARBAS, capitaine des gardes.
PHÉNICE, confidente de Sémiramis.
GARDES.

La scène est à Babylone, dans le palais de Sémiramis.

SÉMIRAMIS,
TRAGÉDIE.

ACTE PREMIER.

SCÈNE I.

BÉLUS, seul.

Hé quoi ! toujours du sort la barbare constance
De mes justes desseins trahira la prudence,
Tandis que, de ma sœur appuyant les forfaits,
Il semble chaque jour prévenir ses souhaits !
O justice du ciel, que j'ai peine à comprendre,
Quel crime faut-il donc pour te faire descendre ?
Quels forfaits aux mortels ne seront pas permis,
Si tu vois sans courroux ceux de Sémiramis ?
Mère dénaturée, épouse parricide,
Moins reine que tyran dans un sexe timide,
Idole d'une cour sans honneur et sans foi ;
Voilà ce que le ciel protège contre moi !
En vain à son devoir Bélus toujours fidèle
Implore le secours d'une main immortelle ;

Loin de me seconder dans mon juste transport,
Avec Sémiramis tout semble ici d'accord :
Elle triomphe; et moi je suis seul sans défense.
Et depuis quand les dieux sont-ils donc sans vengeance ?
Mais que dis-je ? Eh ! les dieux ne me laissent-ils pas,
Pour tout oser, un cœur, et, pour frapper, un bras ?
Le crime est avéré : pour lui livrer la guerre,
Ma vertu me suffit au défaut du tonnerre.
Puisque les noms de fils, et de mère, et d'époux,
Sont désormais des noms peu sacrés parmi nous,
Qui peut me retenir ? Est-ce le nom de frère
Qui puisse être un obstacle à ma juste colère ?
Ombre du grand Ninus, Bélus te fera voir
Qu'il ne connoît de nom que celui du devoir.
Eh ! ne suffit-il pas au courroux qui m'anime
Que ton sang m'ait tracé le nom de la victime ?

SCÈNE II.

MADATE, BÉLUS.

BÉLUS.

Mais que vois-je ? Déjà Madate de retour
Devance dans ces lieux la lumière du jour !
Qu'il m'est doux de revoir un ami si fidèle !
Je n'eus jamais ici plus besoin de ton zèle.

MADATE.

Et quel secours encor vous en promettez-vous,
Quand le ciel en fureur éclate contre nous ?

Seigneur, ne comptez plus, si voisin du naufrage,
Que sur les immortels, ou sur votre courage.
Sémiramis triomphe ; Agénor est vainqueur,
Rien n'a pu soutenir sa funeste valeur.
Ce héros, que le ciel, jaloux de votre gloire,
Forma pour vous ravir tant de fois la victoire,
Chéri d'elle encor plus que de Sémiramis,
Inonde nos sillons du sang de vos amis.
Mais ce n'est pas pour vous le sort le plus à craindre :
Si j'en crois mes soupçons, que vous êtes à plaindre !
Vous êtes découvert, Mégabise a parlé.

BÉLUS.

Mégabise !

MADATE.

Sans doute il a tout révélé.
Seigneur, il vous souvient que de notre entreprise
Vous aviez nommé chef le traître Mégabise :
Cet infidèle et moi nous nous étions promis
De faire sous nos coups tomber Sémiramis,
Déjà, le bras levé, sa mort étoit certaine :
Nous nous étions tous deux placés près de la reine,
Tout prêts, en l'immolant, à vous proclamer roi.
Mégabise un instant s'est approché de moi :
« Gardons-nous d'achever, m'a-t-il dit, cher Madate.
Il faut qu'en lieux plus sûrs notre courage éclate.
Tu sais que nous verrons bientôt Sémiramis
Voler avec fureur parmi ses ennemis :
Laissons-la s'y porter sans nous éloigner d'elle.
Observons cependant cette reine cruelle. »

Je ne sais quel soupçon tout-à-coup m'a saisi.
Je l'observois, seigneur, et Mégabise aussi.
Le combat cependant de toutes parts s'engage,
Et n'offre à nos regards qu'une effroyable image.
Mégabise, ai-je dit, il est temps de frapper :
La victime à nos coups ne sauroit échapper ;
On ne se connoît plus ; le désordre est extrême....
« Je réserve, a-t-il dit, cet honneur pour moi-même. »
Et le lâche a tant fait, que par mille détours
Il a de nos malheurs éternisé le cours.
Seigneur, j'ai vu périr tous ceux que votre haine
Avec tant de prudence armoit contre la reine.
Au retour du combat, jugez de ma douleur
Quand j'ai vu, l'œil terrible et rempli de fureur,
Votre sœur en secret parler à Mégabise.
A ce cruel aspect, peignez-vous ma surprise.
Le perfide, à son tour surpris, déconcerté,
De la reine à l'instant vers moi s'est écarté.
Je l'attire aussitôt dans la forêt prochaine ;
Et là, sans consulter qu'une rage soudaine,
Furieux, j'ai percé le sein où trop de foi
Vous avoit fait verser vos secrets malgré moi :
J'ai mieux aimé porter trop loin ma prévoyance,
Que de risquer vos jours par trop de confiance.

BÉLUS.

Tout est perdu, Madate ; il n'en faut plus douter.
Si tu pouvois savoir ce qu'il va m'en coûter....
Mais ce seroit te faire une injure nouvelle,
Que de cacher encor ce secret à ton zèle.

ACTE I, SCÈNE II.

Cher ami, ne crois pas qu'un soin ambitieux
Arme contre sa sœur un frère furieux.
Ce n'est pas qu'à regret la fierté de mon ame
N'ait ployé jusqu'ici sous les lois d'une femme ;
Mais je suis peu jaloux du pouvoir souverain.
Jamais sceptre sanglant ne souillera ma main :
Tu ne me verras point, quelque gloire où j'aspire,
Du sang des malheureux acheter un empire.
De soins plus généreux mon esprit agité
N'aime que du devoir l'âpre sévérité.
Ce n'en est pas l'éclat, c'est la vertu que j'aime :
Je fais la guerre au crime, et non au diadème :
Je veux venger Ninus, et couronner son fils ;
Voilà ce qui m'a fait soulever tant d'amis :
Et d'une sœur enfin qui souille ici ma gloire
Je ne veux plus laisser qu'une triste mémoire.

MADATE.

Que parlez-vous, seigneur, d'un fils du grand Ninus ?
Toute la cour prétend que ce fils ne vit plus.

BÉLUS.

Depuis dix ans entiers qu'une fuite imprudente
Le dérobe à mes vœux et trompe mon attente,
Je commence en effet à douter, à mon tour,
S'il vit, et si je dois compter sur son retour.
Les malheurs de son père ont trop rempli l'Asie,
Pour retracer ici l'histoire de sa vie.
L'univers, jusqu'à lui, n'avoit point vu ses rois
Couronner une femme et s'imposer ses lois.
Tu sais comme ce prince, autrefois si terrible,
Devenu foible amant, de monarque invincible,

Perdu d'un fol amour pour mon indigne sœur,
Osa, de son vivant, s'en faire un successeur.
Rien ne put me contraindre à celer ma pensée
Sur ce coupable excès d'une flamme insensée.
Mais je voulus en vain déchirer le bandeau :
L'amour avoit juré ce prodige nouveau.
Tu sais quel prix suivit le don du diadème,
Et l'essai que ma sœur fit du pouvoir suprême.
Ninus fut égorgé, sans secours, sans amis,
Au pied du même trône où Ninus fut assis ;
Et pour comble d'horreurs, je vis la cour souscrire
Aux noirs commencements de ce nouvel empire.
Pour moi, je renfermai mon courroux dans mon cœur,
Où les dieux l'ont laissé vivre de ma douleur.
Mais redoutant toujours, après son parricide,
De nouveaux attentats d'une reine perfide,
Je lui ravis son fils, ce dépôt précieux
Que me cache à son tour la colère des dieux.
Je m'étois aperçu que sa cruelle mère
Craignoit de voir en lui croître un vengeur sévère.
J'engageai Mermécide à sauver de la cour
Ce gage malheureux d'un trop funeste amour.
Tu dois avoir connu ce fameux Mermécide,
Sa farouche vertu, son courage intrépide.
Il fit passer long-temps Ninias pour son fils ;
Mais ce secret parvint jusqu'à Sémiramis.

MADATE.

Seigneur, et par quel sort, dévoilant ce mystère,
N'a-t-elle point porté ses soupçons sur son frère ?

ACTE I, SCENE II.

BÉLUS.

J'employai tant de soins à calmer sa fureur,
Que je ne fus jamais moins suspect à son cœur;
Mais, craignant le courroux dont elle étoit saisie,
Mermécide courut jusqu'au fond de l'Asie
Cacher dans les déserts ce pupille sacré,
Qu'à ses fidèles mains la mienne avoit livré.
Cependant, pour tromper une mère cruelle,
De la mort de son fils je semai la nouvelle :
On la crut; et bientôt j'eus la douceur de voir
Mes projets réussir au gré de mon espoir.
Ninias qui croissoit, héros dès son enfance,
Réchauffoit chaque jour le soin de ma vengeance.
Tu sais, pour occuper mon odieuse sœur,
Tout ce que j'ai tenté dans ma juste fureur;
Par combien de détours, armé contre sa vie,
J'ai de fois en dix ans soulevé l'Assyrie.
Je fis plus : tu connois ma fille Ténésis,
Délices de Bélus et de Sémiramis
Qui, l'entraînant partout où l'entraînent ses armes,
L'élève malgré moi dans le sein des alarmes,
Et que rien jusqu'ici n'en a pu séparer.
Mes dégoûts sur ce point n'osant se déclarer,
D'elle et de Ninias, par un saint hyménée,
Je formai le dessein d'unir la destinée,
Pour rendre encor mon cœur, par un lien si doux,
Plus avide du sang qu'exige mon courroux.
Près de Sinope enfin je conduisis ma fille,
Ce reste précieux d'une illustre famille :

Là, dans un bois aux dieux consacré dès long-temps,
J'unis par de saints nœuds ces augustes enfants.
L'un et l'autre touchoient à peine au premier lustre,
Quand je serrai les nœuds de cet hymen illustre :
Avec tant de mystère on les unit tous deux,
Que tout, jusqu'à leur nom, fut un secret pour eux.
Depuis vingt ans mes yeux n'ont point revu le prince :
On le cherche sans fruit de province en province.
Depuis dix ans en vain Mermécide a couru
Après ce fils si cher tout-à-coup disparu.
Mais qui vient nous troubler ? quelle indiscrète audace !

SCÈNE III.

BÉLUS, MERMÉCIDE, MADATE.

BÉLUS.

Que vois-je ? Mermécide, est-ce toi que j'embrasse ?
Ah ! cher ami, le jour qui te rend à mes vœux
Ne sauroit plus pour nous être qu'un jour heureux.
Du sort de Ninias ton retour va m'instruire....

MERMÉCIDE.

Plaise au ciel que ce jour qui commence à nous luire
N'éclaire pas du moins le sort le plus affreux
Qui puisse menacer un cœur si généreux !
Seigneur, n'attendez plus d'une recherche vaine
Un prince dont la vie est assez incertaine.
Depuis dix ans entiers je parcours ces climats :
J'ai fait deux fois le tour de ces vastes états.
J'eusse dû mieux veiller, depuis cette journée
Où par vous Ténésis à Sinope amenée

A la face des dieux, dans un bois consacré,
Au roi de l'univers vit son hymen juré.
Je crus que sa beauté, qui devançoit son âge,
Fléchiroit vers l'amour ce jeune et fier courage :
Mais je ne vis en lui qu'une bouillante ardeur ;
Déjà sa destinée entraînoit ce grand cœur.
Je fis pendant dix ans des efforts inutiles
Pour remplir Ninias de désirs plus tranquilles :
Son cœur ne respiroit que l'horreur des combats,
Il rougissoit souvent de me voir sans états.
Déjà, peu satisfait de n'avoir qu'un tel père,
Il sembloit de son sort pénétrer le mystère.
Enfin il disparut, et je le cherche en vain.
Mais, seigneur, de Bélus quel sera le destin ?
Hier, sans me fixer une route certaine,
En attendant la nuit dans la forêt prochaine,
Je vis un corps sanglant étendu sous mes pas,
Qu'un reste de chaleur déroboit au trépas.
J'en approche aussitôt : jugez de ma surprise
Lorsque dans ce mourant je trouvai Mégabise.
Il méconnut long-temps ma secourable main.
Mais ses regards sur moi s'arrêtant à la fin :
« Que vois-je ? me dit-il : est-ce vous, Mermécide,
Qui, le cœur indigné des fureurs d'un perfide,
Venez pour conserver le reste de ce sang
Que le cruel Madate a tiré de mon flanc ?
C'est ainsi que Bélus traite un ami fidèle. »
A ces mots, peu content du succès de mon zèle,
Peut-être que la main qui prolongeoit ses jours,
Plus prudente, bientôt en eût tranché le cours,

Si de quelques soldats la troupe survenue
Ne m'eût forcé de fuir leur importune vue.
Si Mégabise vit, nous sommes découverts.

BÉLUS, à Madate.

Trop prévoyant ami, qu'as-tu fait? tu nous perds.

MERMÉCIDE.

Non, seigneur; il ne faut que prévenir la reine :
C'est à nous désormais à servir votre haine.
Si Ninias n'est plus, c'est à vous de régner :
Vous me voyez tout prêt à ne rien épargner,
A vous immoler même un guerrier redoutable,
Imprudent défenseur d'une reine coupable.
Vous n'avez qu'à parler, seigneur; et cette main
Va percer dès ce jour et l'un et l'autre sein.
J'entends du bruit; on vient : c'est la reine elle-même.

BÉLUS.

Fuis, Mermécide, fuis; le péril est extrême.
Sa haine trop avant t'a gravé dans son cœur,
Pour abuser des yeux qu'instruiroit sa fureur.

SCÈNE IV.

SÉMIRAMIS, BÉLUS, TÉNÉSIS,
MADATE, GARDES.

SÉMIRAMIS.

Je triomphe, Bélus : une heureuse victoire
Combleroit aujourd'hui mes désirs et ma gloire,
Si le sort, dangereux même dans ses bienfaits,
Ne m'eût fait triompher de mes propres sujets.

ACTE I, SCÈNE IV.

Verrai-je encor long-temps la rebelle Assyrie
Attaquer en fureur et mon sceptre et ma vie?
Vous, de qui la vertu soutenant le devoir
Contre mes ennemis fut toujours mon espoir,
A qui j'ai confié les murs de Babylone,
Ou plutôt partagé le poids de ma couronne,
Mon frère, je ne sais, malgré ce nom si doux,
Si mon cœur n'auroit pas à se plaindre de vous.

BÉLUS.

De moi !

SÉMIRAMIS.

Je sais, Bélus, que de vos soins fidèles
Je dois mieux présumer ; mais enfin les rebelles
De mes desseins contre eux sont si bien informés,
Qu'ils sont tous prévenus aussitôt que formés.

BÉLUS.

Suis-je de vos secrets le seul dépositaire?
Et sur quoi fondez-vous un soupçon téméraire,
Sur quelle conjecture, ou sur quelle action?
Vous savez que mon cœur est sans ambition.

SÉMIRAMIS.

On me trahit : c'est tout ce que je puis vous dire.
    (à ses gardes.)
Allez, c'en est assez. Et vous, qu'on se retire.
  (à Ténésis.)
Princesse, demeurez. L'aimable Ténésis
Sait qu'elle fut toujours chère à Sémiramis.

SCÈNE V.

SÉMIRAMIS, TÉNÉSIS.

SÉMIRAMIS.

Je vois qu'on me trahit, et je crains votre père,
Mais sans le soupçonner d'un odieux mystère ;
Et quand même il auroit mérité mon courroux,
Mon injuste rigueur n'iroit point jusqu'à vous.

TÉNÉSIS.

Au grand cœur de Bélus rendez plus de justice :
Sa vertu n'admet point un si noir artifice.

SÉMIRAMIS.

C'est de cette vertu que je crains les transports.
Bélus ne me tient point compte de mes remords :
Quelque tendre amitié que m'inspire mon frère,
Je crois toujours en lui voir un juge sévère,
Dont les troubles cruels qui déchirent mon cœur
Me font plus que jamais redouter la rigueur.
De quel œil verra-t-il une superbe reine
Le front humilié d'une honteuse chaîne ?
Ninus, que de ta mort le ciel s'est bien vengé !
Ma chère Ténésis, que mon cœur est changé !
Cette Sémiramis si fière et si hautaine,
Du sort de l'univers arbitre et souveraine,
Rivale des héros dont on vante les faits,
Qui de son sexe enfin n'avoit que les attraits,
Vile esclave au milieu de la grandeur suprême,
Maîtresse des humains, ne l'est plus d'elle-même.

Je ne triomphe pas de tous mes ennemis :
Qu'il en est que mon cœur voudroit avoir soumis !
Je vois que Ténésis, indignée et surprise,
Condamne des transports que sa vertu méprise :
Mais de notre amitié les liens sont trop doux,
Pour me permettre encor quelques secrets pour vous.
Je vous en dis assez pour vous faire comprendre
Tout ce que ma fierté craint de vous faire entendre.

TÉNÉSIS.

Je conçois aisément qu'une cruelle ardeur
De vos jours malgré vous a troublé la douceur.
Le reste est un secret que mon respect, madame,
Me défend de chercher jusqu'au fond de votre ame.
Votre défaite en vain me suppose un vainqueur :
J'ignore qui s'est pu soumettre un si grand cœur ;
Je n'ose le chercher dans la foule importune
Qu'attire sur vos pas votre auguste fortune.
J'avois cru jusqu'ici que pour plaire à vos yeux
Il falloit ou des rois, ou des enfants des dieux.

SÉMIRAMIS.

Et voilà ce qui met le trouble dans mon ame,
Et qui me fait rougir d'une honteuse flamme.
Agénor inconnu ne compte point d'aïeux
Pour me justifier d'un amour odieux.

TÉNÉSIS.

Agénor !

SÉMIRAMIS.

Le voilà, ce vainqueur redoutable,
Qu'un front sans ornement ne rend pas moins aimable *

Plus terrible lui seul que tous mes ennemis,
Et plus cruel pour moi que ceux qu'il m'a soumis.
Ma raison s'arme en vain de quelques étincelles:
Mon cœur semble grossir le nombre des rebelles.

TÉNÉSIS.

Madame, et quel dessein a-t-il donc pu former ?
En aimant Agénor, que prétend-il ?

SÉMIRAMIS.

L'aimer ;
Et, si ce n'est assez, lui partager encore
Un sceptre qu'aussi bien mon amour déshonore.

TÉNÉSIS.

Ah ciel ! et que dira l'univers étonné ?
A quels soins ce grand cœur s'est-il abandonné ?

SÉMIRAMIS.

J'ai fait taire ma gloire, et tu veux que je craigne
Les discours importuns de ceux sur qui je règne !
Ténésis, plût aux dieux que mon funeste amour
N'eût d'autres ennemis à combattre en ce jour !
Je braverois bientôt ce que dira l'Asie :
Ce n'est pas là l'effroi dont mon ame est saisie.
Qu'aux mortels indignés le ciel se joigne encor,
De l'univers entier je ne crains qu'Agénor.
C'est ce rebelle cœur que je voudrois soumettre,
Et c'est ce que le mien n'oseroit se promettre.
Des Mèdes aujourd'hui je l'ai déclaré roi.
Mais je l'élève en vain pour l'approcher de moi;
En vain, dans les transports de mon amour extrême,
Sur son front dépouillé j'attache un diadème :

Pour toucher ce héros mes bienfaits superflus
Échauffent sa valeur, et ne font rien de plus.
De tant d'amour, hélas ! foible reconnoissance !
Ses exploits font encor toute ma récompense.
Ténésis, c'est à toi que ma flamme a recours :
Souffre que de tes soins j'implore le secours ;
C'est sur eux désormais que mon cœur se repose.
Tu sais ce que pour moi notre amitié t'impose ;
J'en exige aujourd'hui des efforts généreux....

TÉNÉSIS.

Hé ! que puis-je pour vous qui réponde à vos vœux ?

SÉMIRAMIS.

Il faut faire approuver mon amour à mon frère,
Fléchir en sa faveur sa vertu trop austère,
Retenir dans son cœur des leçons que je crains.
Pour relever le mien tous reproches sont vains.
Ce n'est pas tout : il faut de l'amour le plus tendre
Informer un héros qui le voit sans l'entendre ;
Soulager sur ce point mon courage abattu,
Quand ma timidité fait toute ma vertu.
J'ai détrôné des rois, porté partout la guerre ;
Nul héros plus que moi n'a fait trembler la terre ;
Tout respecte ma voix : et je crains de parler ;
Le seul nom d'Agénor suffit pour me troubler ;
Je ne sais quoi dans lui me fait sentir un maître.
C'est ainsi que l'amour en ordonne peut-être.
Peins-lui si bien le feu qui dévore mon cœur,
Qu'à son tour ce héros reconnoisse un vainqueur ;
Et si l'amour pour moi n'avoit rien à lui dire,
Tente du moins son cœur par l'offre d'un empire.

Ce guerrier va bientôt se montrer à nos yeux.
Pour moi, que mille soins rappellent dans ces lieux,
Adieu, pour un moment souffre que je te laisse.
Ma chère Ténésis, pardonne à ma foiblesse
Des soins dont sur ta foi mon amour s'est remis :
Juge par ces transports quel en sera le prix.

SCÈNE VI.

TÉNÉSIS, seule.

Est-ce à moi, juste ciel ! que ce discours s'adresse ?
Qu'oses-tu m'avouer, téméraire princesse ?
Que je plains ton amour, foible Sémiramis,
Si son espoir dépend des soins de Ténésis !
Pour t'en remettre à moi du succès de ta flamme,
Je vois bien que tu n'as consulté que ton ame :
Tu m'aurois mieux caché ses secrets odieux,
Si l'Amour d'un bandeau n'avoit couvert tes yeux.
Et toi, cruel Amour qui me poursuis sans cesse,
Est-ce pour éprouver une triste princesse
Qui t'ose disputer l'empire de son cœur,
Que tu m'as confié les soins d'une autre ardeur ?
Tu ne peux mieux combler ta vengeance fatale,
Qu'en me faisant servir les feux de ma rivale ;
Et, pour comble de maux, quelle rivale encor !
Quel triomphe pour toi, redoutable Agénor !
J'ai dédaigné tes soins ; ma fierté trop farouche
A vingt fois étouffé tes soupirs dans ta bouche :
Et l'Amour jusque-là vient de m'humilier,
Que peut-être à mon tour il faudra supplier.

ACTE I, SCÈNE VI.

Entre une reine et moi, sur quoi puis-je prétendre
Que ton cœur un moment balance pour se rendre ?
S'il se laisse éblouir par les offres du sien,
Que de mépris suivront la défaite du mien !
Hé ! que m'importe, hélas ! qu'Agénor me méprise ?
Est-ce assez pour l'aimer qu'une autre m'autorise ?
Un cœur né sans vertu, sans honneur et sans foi,
Peut-il être en effet un exemple pour moi ?
Que dis-je ? Quoi ! déjà ma prompte jalousie
Joint l'outrage aux transports dont mon ame est saisie !
Ténésis, pour te faire un généreux effort,
Songe que tu n'es plus maîtresse de ton sort.
Ah ! Bélus, plût aux dieux qu'en mon triste hyménée
Mon cœur eût de ma main subi la destinée !
Vains regrets ! C'est assez, égaremens jaloux,
Mon austère vertu n'est point faite pour vous.
Parlons, n'exposons pas la tête de mon père
Aux noirs ressentimens d'une reine en colère.
Que de malheurs suivroient son amour outragé !
Puisqu'à servir ses feux mon cœur est engagé,
Instruisons Agénor de cet amour funeste ;
A mes foibles attraits laissons le soin du reste.
Vains désirs, taisez-vous pour la dernière fois :
C'est à d'autres que vous qu'il faut prêter ma voix.

FIN DU PREMIER ACTE.

ACTE SECOND.

SCÈNE I.

AGÉNOR, MIRAME.

AGÉNOR.

Où suis-je ? dans quels lieux la fortune me guide !
Dieux, que réservez-vous au fils de Mermécide ?
Vains honneurs qu'Agénor n'a que trop recherchés,
Sous vos appas flatteurs que de soins sont cachés !
Depuis dix ans entiers éloigné de mon père,
Loin de me rapprocher d'une tête si chère,
Je transporte mes dieux en ce fatal séjour,
Pour n'y sacrifier qu'au seul dieu de l'amour.
Mais que j'en suis puni ! Que l'hymen, cher Mirame,
Se venge avec rigueur d'une coupable flamme !
Moi qui, long-temps porté de climats en climats,
Fis le destin des rois, subjuguai tant d'états ;
Qui semblois, pour me faire une gloire immortelle,
N'avoir plus à domter qu'une reine cruelle ;
Quand l'univers en moi croit trouver un vengeur,
Mon bras de son tyran devient le défenseur !
Enchanté malgré moi des exploits d'une reine
Qui ne devroit peut-être exciter que ma haine,

Je viens en imprudent grossir des étendards
Sous qui l'amour m'a fait tenter tant de hasards !
Pourrois-je sans rougir imputer à la gloire
Des faits où Ténésis attache la victoire ?
J'ai tout fait pour lui plaire, et mon cœur jusqu'ici
N'a dans ce triste soin que trop mal réussi.

MIRAME.

Eh quoi ! seigneur, l'éclat d'un nouveau diadème
Ne pourra dissiper votre douleur extrême !
Voulez-vous, trop sensible aux peines de l'amour,
Le front chargé d'ennuis vous montrer à la cour ?
Songez que ce vain peuple, attentif à vous plaire,
En volant sur vos pas, de plus près vous éclaire.
Après ce que pour vous a fait Sémiramis....

AGÉNOR.

Laissons là ses bienfaits : parle de Ténésis ;
Dans ces superbes lieux voilà ce qui m'amène :
Tout autre soin ne fait que redoubler ma peine.

MIRAME.

Seigneur, vous n'êtes plus dans ces camps où vos pas
N'avoient d'autres témoins que les yeux des soldats.
Agénor y voyoit Ténésis sans contrainte ;
Le courtisan oisif n'y causoit nulle crainte ;
La reine, dont la guerre occupoit tous les jours,
A vos amours d'ailleurs laissoit un libre cours :
Mais c'est ici qu'il faut dans le fond de votre ame
Renfermer les transports d'une indiscrète flamme.
Sémiramis, en proie à la plus vive ardeur,
Laisse trop voir le feu qui dévore son cœur,

Pour oser vous flatter de tromper sa tendresse.
Songez à quels périls vous livrez la princesse.

AGÉNOR.

Je ne le sais que trop, et c'est le seul effroi
Qui de tant de dangers soit venu jusqu'à moi ;
D'autant plus alarmé, que, déjà las de feindre,
Mon cœur n'est point nourri dans l'art de se contraindre.
Mirame, tu connois jusqu'où va mon malheur ;
Et tu peux condamner l'excès de ma douleur !
Dieux cruels, falloit-il prendre tant de vengeance
De l'oubli d'un serment juré dans mon enfance ?
Mais qu'ai-je à redouter ? et qu'importe à mes feux
Que la reine en courroux se déclare contre eux ?
Ce n'est pas sous ses lois que le ciel m'a vu naître ;
Et l'Amour jusqu'ici n'a point connu de maître.
J'avoûrai cependant que l'éclat de ces lieux
A plus ému mon cœur qu'il n'a frappé mes yeux.
Je ne sais, mais l'aspect des murs de Babylone
M'a rempli tout-à-coup d'un trouble qui m'étonne ;
Quoi que m'inspire enfin leur redoutable aspect,
Ces lieux n'ont rien qui doive exciter mon respect :
A la reine, en un mot, nul devoir ne m'engage ;
Ses bienfaits, quels qu'ils soient, sont dus à mon courage.
C'est assez que ce jour m'ait vu déclarer roi,
Pour ne vouloir ici dépendre que de moi.
Souffre que j'en excepte une princesse aimable,
Qui soumit d'un coup-d'œil un courage indomtable
Qui peut-être auroit moins fait pour Sémiramis
Si le sort à mes yeux n'eût offert Ténésis.

Mais je la vois ; vers nous c'est elle qui s'avance.
Laisse-moi seul ici jouir de sa présence.
Prends garde cependant que la reine en ces lieux
Ne trouble un entretien qui m'est si précieux.

SCÈNE II.
AGÉNOR, TÉNÉSIS.

TÉNÉSIS.

Je vous cherche, seigneur.

AGÉNOR.

Moi, madame ?

TÉNÉSIS.

Oui, vous-même,
Et vous cherche de plus par un ordre suprême.
Pour remplir votre espoir par des soins éclatants,
Je viens vous révéler des secrets importants.

AGÉNOR.

Quel que soit le dessein qui vers moi vous adresse,
Madame, plût au ciel, dans le soin qui vous presse,
Que, de tous les secrets qu'on veut me révéler,
A quelques uns des miens un seul pût ressembler !
Que, las de les garder, mon cœur souffre à les taire !

TÉNÉSIS.

Je n'en viens point, seigneur, pénétrer le mystère ;
Je n'ai pas prétendu vous déclarer les miens,
Et votre cœur pour lui peut réserver les siens :
Le soin de les savoir n'est pas ce qui m'amène ;
Je ne m'empresse ici que pour ceux de la reine.

AGENOR.

Ah ! madame, daignez vous épargner ce soin ;
Votre zèle pour elle iroit en vain plus loin :
Je ne veux rien savoir des secrets de la reine,
Que lorsqu'il faut servir sa justice ou sa haine.
Ministre à son courroux malgré moi dévoué,
Combien de fois mon cœur m'en a désavoué !
S'il s'agissoit ici de domter les rebelles,
Ou de tenter encor des conquêtes nouvelles,
On ne vous auroit pas confié ces secrets.
Quoique tout soit sur moi possible à vos attraits,
La reine, dont l'Asie admire la prudence,
A-t-elle pu si mal placer sa confidence ?
Et quel est son espoir, ou plutôt son erreur ?
Que vous pénétrez peu l'une et l'autre en mon cœur !

TÉNÉSIS.

Qu'elle s'abuse ou non sur ce qu'elle en espère,
Vous pourrez avec elle éclaircir ce mystère :
Je ne me charge ici que de vous informer
Qu'Agénor de la reine a su se faire aimer ;
Que l'unique bonheur où son grand cœur aspire,
Seigneur, c'est de vous voir partager cet empire.
Sa tendresse et sa main sont d'un assez grand prix
Pour ne pas s'attirer un injuste mépris.

AGÉNOR.

Les dieux, pour ajouter à sa grandeur suprême,
Eussent-ils dans ses mains mis leur puissance même,
Il est pour Agénor un bien plus précieux
Que toutes les grandeurs de la reine et des dieux.

Mais, puisque malgré moi vous avez pu m'apprendre
Ce dangereux secret que je craignois d'entendre,
Madame, permettez que mon cœur, à son tour,
Entre la reine et vous s'explique sans détour.
J'aime, je l'avoûrai ; mon courage inflexible
N'a pu me préserver d'un penchant invincible :
Un regard a suffi pour mettre dans les fers
Celui qui prétendoit y mettre l'univers.
J'aime. Le digne objet pour qui mon cœur soupire,
Quoiqu'il ne brille point par l'éclat d'un empire,
N'en mérite pas moins, par sa seule beauté,
Tout l'hommage qu'on rend à la divinité :
Le ciel mit dans son cœur la vertu la plus pure
Dont il puisse enrichir les dons de la nature.
Jugez, à ce portrait que je n'ai point flatté,
Si le nom de la reine y peut être ajouté.
Vous me vantez en vain son rang et sa tendresse ;
En vain à la servir votre bouche s'empresse :
Que pourroit-elle, hélas ! me dire en sa faveur,
Que vos yeux aussitôt n'effacent de mon cœur ?
Ah ! ne les armez point d'une injuste colère,
Princesse ; mon dessein n'est pas de leur déplaire :
Les miens ne sont ouverts que pour les admirer,
Et mon cœur n'étoit fait que pour les adorer.

TÉNÉSIS.

Je n'ai que trop prévu que l'amour de la reine
Exciteroit en vous une audace si vaine ;
Et, mesurant bientôt tous les cœurs sur le sien,
Que parmi les vaincus vous compteriez le mien.

Fier de tant de hauts faits, vous avez cru peut-être
Que la seule valeur vous en rendroit le maître;
Mais, si jamais l'amour le soumet à vos lois,
Ce sera le plus grand de vos fameux exploits.
Vingt royaumes conquis, l'Égypte subjuguée,
L'Afrique en ses déserts par vous seul reléguée,
N'ont que trop signalé votre invincible cœur,
Sans enchaîner le mien au char de leur vainqueur.
Seigneur, et quel espoir a donc pu vous promettre
Qu'à vos désirs un jour vous pourriez le soumettre?
Car, si vous n'en eussiez jamais rien attendu,
Vous auriez mieux gardé le respect qui m'est dû.
J'estimois vos vertus, et ce n'est pas sans peine
Que je vous vois chercher à mériter ma haine.
Je ne vous parle point du péril où vos feux
Exposent tous les miens, et moi-même avec eux;
Vous l'auriez dû prévoir : une plus belle flamme
De ce soin généreux eût occupé votre ame.
Je veux bien vous cacher d'autres secrets encor
Plus terribles cent fois pour l'amour d'Agénor :
Mais, si vous en voulez pénétrer le mystère,
Daignez, si vous l'osez, interroger mon père.
Il vient : vous en pourrez mieux apprendre aujourd'hui
Ce qu'il faut espérer de sa fille et de lui.

(Elle sort.)

AGÉNOR, seul.

Qu'entends-je? quel mépris! Ah! c'en est trop, ingrate;
Vous n'abuserez plus d'un amour qui vous flatte.

SCÈNE III.

BÉLUS, AGÉNOR.

AGÉNOR.

Mais j'aperçois Bélus ; fuyons un entretien
Qui ne peut plus qu'aigrir et son cœur et le mien.
BÉLUS.
Arrêtez un moment : j'ai deux mots à vous dire,
Qui me regardent, vous, la reine, et tout l'empire.
Au mépris de son sang, plus encor de nos lois
Qui n'ont jamais admis d'étrangers pour nos rois,
De ma sœur et de vous on dit que l'hyménée,
Seigneur, doit dès ce jour unir la destinée.
L'esprit avec justice indigné de ce bruit,
J'ai voulu par vous-même en être mieux instruit.
AGÉNOR.
Si ce bruit, quel qu'il soit, a de quoi vous surprendre,
De la reine, seigneur, ne pouviez-vous l'apprendre ?
BÉLUS.
Ah ! je ne sais que trop ses projets insensés.
AGÉNOR.
Et moi de vos secrets plus que vous ne pensez.
BÉLUS.
Si jamais votre cœur fut vraiment magnanime,
Vous n'aurez donc pour moi conçu que de l'estime.
AGÉNOR.
Je ne démêle point les divers intérêts
Qui vous font en ces lieux former tant de projets :

Il m'a suffi, savant dans l'art de les détruire,
D'en préserver l'état, mais sans vouloir vous nuire.
Ce discours vous surprend ; mais, prince, poursuivez,
Et ne regardez point ce que vous me devez.

BÉLUS.

Je vous devrois beaucoup pour tant de retenue,
Si la cause, seigneur, m'en étoit mieux connue.
Mon cœur n'est point ingrat ; cependant je sens bien
Qu'il voudroit vous haïr, et ne vous devoir rien.

AGÉNOR.

Je vais donc aujourd'hui, par un aveu sincère,
Justifier ici cette haine si chère.
Vous avez cru sans doute, en votre vain courroux,
Qu'un étranger sans nom fléchiroit devant vous
Et surtout au milieu d'une cour ennemie
Où l'on voit sa puissance encor mal affermie ;
Que vous n'aviez, seigneur, qu'à venir m'annoncer
Qu'à l'hymen de la reine il falloit renoncer,
Pour me voir au dessein de conserver ma vie
Sacrifier l'espoir de régner sur l'Asie.
Mais de mes ennemis je brave les projets :
Je crains peu la menace, encor moins les effets ;
Et si jamais l'amour m'entraînoit vers la reine,
Je ne consulterois ni Bélus ni sa haine.
Mais, pour un autre objet dès long-temps prévenu,
Dans des liens plus doux mon cœur fut retenu.
Votre fille, seigneur, est celle que j'adore,
Ou que sans ses mépris j'adorerois encore.

ACTE II, SCÈNE III.

BÉLUS.

Ma fille ! Ténésis ?

AGÉNOR.
               Un captif tel que moi
Honoreroit ses fers, même sans qu'il fût roi.

BÉLUS.
Seigneur, si mes secrets ont besoin de silence,
Les vôtres n'avoient pas besoin de confidence.
Quoi ! d'aïeux sans éclat Agénor descendu
A l'hymen de ma fille auroit-il prétendu ?

AGÉNOR.
On vante peu le sang dont j'ai reçu la vie ;
Mais je n'en connois point à qui je porte envie :
D'aucun soin sur ce point mon cœur n'est combattu.
Le destin m'a fait naître au sein de la vertu ;
C'est elle qui prit soin d'élever mon enfance,
Et ma gloire a depuis passé mon espérance.
Quiconque peut avoir un cœur tel que le mien
Ne connoît point de sang plus digne que le sien ;
Et quand j'ai recherché votre auguste alliance,
J'ai compté vos vertus, et non votre naissance.

BÉLUS.
C'est elle cependant qui décide entre nous.
Il est plus d'un mortel aussi vaillant que vous ;
Mais je n'en connois point, quelque grand qu'il puisse être,
Dont le sang d'où je sors ne doive être le maître.
La valeur ne fait pas les princes et les rois :
Ils sont enfants des dieux, du destin et des lois.
La valeur, quels que soient ses droits et ses maximes,
Fait plus d'usurpateurs que de rois légitimes.

Si la valeur, plutôt que la splendeur du sang,
Au-dessus des humains pouvoit nous faire un rang,
Il n'est point de soldat qu'un peu de gloire inspire,
Qui ne pût, à son tour, aspirer à l'empire.
En vain sur vos exploits vous fondez votre espoir.
Vous voilà revêtu de l'absolu pouvoir ;
Mais comment ? et par qui ? Seigneur, une couronne
N'est jamais bien à nous si le sang ne la donne.
La reine, comme moi, sort de celui des dieux ;
Elle règne : est-ce assez pour oser autant qu'eux ?
Imitons leur justice, et non pas leur puissance :
L'équité doit régler et peine et récompense.
Quoi qu'il en soit, parmi de peu dignes aïeux
Ma fille n'ira point mêler le sang des dieux.
Sur un sang aussi beau si votre amour se fonde,
Venez la disputer au souverain du monde.

AGÉNOR.

L'orgueil de ces grands noms n'éblouit point mes yeux :
Le mien, sans ce secours, est assez glorieux
Pour ne rien voir ici dont ma fierté s'étonne.
Un guerrier généreux que la vertu couronne
Vaut bien un roi formé par le secours des lois :
Le premier qui le fut n'eut pour lui que sa voix :
Quiconque est élevé par un si beau suffrage
Ne croit pas du destin déshonorer l'ouvrage.
Seigneur, à Ténésis je réservois ma foi,
Parceque mon amour la crut digne de moi :
J'ai voulu vous l'offrir, dans la crainte peut-être
De me voir obligé de vous donner un maître.

ACTE II, SCÈNE III.

La reine m'offre ici l'empire avec sa main :
Puisque vous m'y forcez, ce sera dès demain ;
Ne fût-ce qu'à dessein, seigneur, de vous instruire
Qu'un soldat n'en est pas moins digne de l'empire.

BÉLUS.

Hé bien ! poursuivez donc, tâchez de l'obtenir ;
Mais songez aux moyens de vous y maintenir.

(Il sort.)

SCÈNE IV.

AGÉNOR, seul.

AH ! dût-il m'en coûter le repos de ma vie,
Je veux de leur mépris punir l'ignominie.
La reine vient : parlons, irritons son ardeur,
Associons ma haine aux transports de son cœur ;
Employons, s'il se peut, à flatter sa tendresse
Le moment de raison que mon dépit me laisse.

SCÈNE V.

SÉMIRAMIS, AGÉNOR.

SÉMIRAMIS.

INVINCIBLE héros, seul appui de mes jours,
A quel autre aujourd'hui pourrois-je avoir recours ?
Je viens de pénétrer le plus affreux mystère.
On me trahit, seigneur, et le traître est mon frère.
Cette austère vertu dont se paroit l'ingrat
Ne servoit que de voile au plus noir attentat.
Comblé de tant d'honneurs, ce perfide que j'aime
De mes propres bienfaits s'arme contre moi-même ;

C'est lui dont la fureur, séduisant mes sujets,
M'en fait des ennemis déclarés ou secrets.
L'auriez-vous soupçonné d'une action si noire ?

AGÉNOR.

D'un prince tel que lui vous devez peu la croire.

SÉMIRAMIS.

Seigneur, il n'est plus temps de le justifier :
Il ne faut plus songer qu'à le sacrifier.
Ma tendresse pour lui ne fut que trop sincère ;
Je n'en ai que trop fait pour cet indigne frère,
Malgré moi : car enfin ce n'est pas d'aujourd'hui
Que mon cœur en secret s'élève contre lui.
Si vous saviez quelle est la fureur qui le guide,
Et tout ce qu'en ces lieux méditoit le perfide !
Il en veut à vous-même, à mon trône, à mes jours,
Si de tant de complots vous n'arrêtez le cours.
Mourant, percé de coups par l'ordre de ce traître,
Mégabise, seigneur, dans ces murs va paroître :
Je le fais en secret apporter en ces lieux.

AGÉNOR.

Madame, devez-vous en croire un furieux ?
Il est vrai qu'il accuse et Bélus et Madate.

SÉMIRAMIS.

Vous voyez s'il est temps que ma vengeance éclate.

AGÉNOR.

Il faut dissimuler un si juste courroux :
Bélus est dans ces lieux aussi puissant que vous.
Gardez-vous d'éclater : plus que jamais, madame,
Vous devez renfermer vos transports dans votre ame.

Tout un peuple, pour lui prêt à se déclarer....

SÉMIRAMIS.

Eh bien ! pendant la nuit il faut s'en assurer.
C'est de vous que j'attends cet important service,
Vous, pour qui seul ici j'ordonne son supplice.
Seigneur, vous vous troublez ! Je ne sais quels transports
Éclatent dans vos yeux malgré tous vos efforts.

AGÉNOR.

Reine, je l'avoûrai qu'à regret contre un frère
Mon bras vous prêteroit ici mon ministère :
Non que de vous servir il néglige l'emploi,
Mais daignez le commettre à quelque autre que moi.
Vous ne m'en verrez pas moins prompt à vous défendre,
Contre des jours si chers si l'on ose entreprendre.

SÉMIRAMIS.

Ah! seigneur, ce n'est pas l'intérêt de mes jours
Qui me fait d'un héros implorer le secours.
Plût au ciel que Bélus n'en voulût qu'à ma vie !
D'un courroux moins ardent on me verroit saisie.
Mais, hélas ! le cruel attaque en sa fureur
Tout ce qui fut jamais de plus cher à mon cœur :
Ce n'est qu'à le sauver que ma tendresse aspire,
Et ce n'est pas pour moi que je défends l'empire.
Seigneur, si Ténésis eût rempli mon espoir,
Mon cœur n'auroit plus rien à vous faire savoir;
Et le vôtre du moins, plein de reconnoissance,
Rassureroit du mien la timide espérance.

AGÉNOR.

La princesse a daigné, dans un long entretien....

SÉMIRAMIS.

Hé quoi ! vous l'avez vue, et ne m'en dites rien !
On sait tout, cependant on garde un froid silence !
On se trouble, on soupire, et même en ma présence !
Quels regards ! quel accueil ! et qu'est-ce que je vois ?
Sans doute on vous aura prévenu contre moi.
Ah ! seigneur, pardonnez ces pleurs à mes alarmes,
Et n'accusez que vous de mes premières larmes.

AGÉNOR.

Quand on est, comme vous, si ressemblante aux dieux,
Dans le cœur des mortels on devroit lire mieux.
Que n'en doit point attendre une reine si belle ?
Quel cœur à ses désirs pourroit être rebelle ?
Sans vous offrir ici des soupirs ni des soins,
Peut-être qu'Agénor n'en aimera pas moins.
Son cœur, né pour la guerre et non pour la tendresse,
Des camps qui l'ont nourri garde encor la rudesse ;
Et je crois qu'en effet vous n'en attendez pas
Des vulgaires amants les frivoles éclats :
Mais tel qu'il est enfin, si ce cœur peut vous plaire,
J'accepte tous les dons que vous voulez me faire.

SÉMIRAMIS.

Que vous me rassurez par un aveu si doux !
Qu'avec crainte, seigneur, j'ai paru devant vous !
Hélas ! sans se flatter, une reine coupable
Pouvoit-elle espérer de vous paroître aimable ?
Pour toucher votre cœur, je n'ai que mes transports ;
Pour me justifier, je n'ai que mes remords

Mais que dis-je ? et pourquoi me reprocher un crime
Que mon amour pour vous va rendre légitime ?
Si jamais dans le sang mes mains n'eussent trempé,
Si quelque heureux forfait ne me fût échappé,
Je ne goûterois pas la douceur infinie
De pouvoir vous aimer le reste de ma vie.
Venez, seigneur, venez donner à l'univers,
Qui me vit si long-temps lui préparer des fers,
Un spectacle pompeux qu'il n'osoit se promettre :
C'est de voir à son tour un mortel me soumettre.
Venez, par un hymen si cher à mes souhaits,
Du perfide Bélus confondre les projets.
Par ces-nœuds, dont je cours hâter l'auguste fête,
Venez de l'univers m'annoncer la conquête.
Hélas ! je l'ai privé du plus grand de ses rois ;
Mais je lui rends en vous plus que je ne lui dois.

FIN DU SECOND ACTE.

ACTE TROISIÈME.

SCÈNE I.

BÉLUS, MADATE.

BÉLUS.

Madate, c'en est fait; la fortune cruelle
A juré que ma sœur l'éprouveroit fidèle.
Le traître Mégabise, à tes coups échappé,
Nous vend cher à tous deux le trait qui l'a frappé :
Il a de nos complots fait avertir la reine,
Et je sais que près d'elle en secret on l'amène.
Il ne nous reste plus, dans un si triste sort,
D'autre espoir que celui d'illustrer notre mort.
Mourons : mais, s'il se peut, avant qu'on nous opprime,
Honorons mon trépas de plus d'une victime.
Seul espoir dont mon cœur s'est trop entretenu,
Imprudent Ninias, qu'êtes-vous devenu ?

MADATE.

Seigneur, dès que le sort contre nous se déclare,
Que pourroit contre lui la vertu la plus rare ?
Et quel espoir encor peut vous être permis
Dans ces perfides lieux à la reine soumis ?

C'est loin d'ici qu'il faut conjurer un orage
Que prétendroit en vain braver votre courage.

BÉLUS.

Qui ? moi ! qu'en fugitif j'abandonne ces lieux !
Mes ennemis y sont, et je ne cherche qu'eux.
Le ciel même dût-il m'accabler sous sa chute,
Mon cœur n'est pas de ceux que le péril rebute :
Il n'a jamais formé que d'illustres desseins,
Et ma perte aujourd'hui n'est pas ce que je crains.
As-tu fait de ma part avertir Mermécide ?
C'est de lui que j'attends un conseil moins timide.
Il vient : cours cependant informer Agénor
Qu'un moment sans témoins je veux le voir encor.
Je conçois un projet qui flatte ma vengeance,
Et rend à mon courroux sa plus chère espérance.

SCÈNE II.

BÉLUS, MERMÉCIDE.

BÉLUS.

MERMÉCIDE, sais-tu jusqu'où vont nos malheurs ?
Que ce funeste jour nous prépare d'horreurs !
Nous sommes découverts, et bientôt de la reine
Nous allons voir sur nous tomber toute la haine.

MERMÉCIDE.

Je vous ai déjà dit, seigneur, que cette main
N'attend qu'un mot de vous pour lui percer le sein.
Malgré le faix des ans, l'âge enfin qui tout glace,
Je sens par vos périls réchauffer mon audace.

Prononcez son arrêt, condamnez votre sœur ;
J'immole avant la nuit elle et son défenseur.
Il semble qu'avec nous le sort d'intelligence
Livre à tous vos desseins ce guerrier sans défense.

BÉLUS.

Non, Mermécide, non, je n'y puis consentir :
Épargne à ma vertu l'horreur d'un repentir.
Mon bras ne s'est armé que pour punir des crimes,
Et non pour immoler d'innocentes victimes.
Je l'ai vu ce héros : tremblant à son aspect,
Je n'ai senti pour lui qu'amour et que respect.
De quel crime en effet ce guerrier redoutable
Envers les miens et moi peut-il être coupable ?
On n'est point criminel pour être ambitieux.
On offre à ses désirs un trône glorieux :
A ses vœux les plus doux moi seul ici contraire,
Je dédaigne un héros qui m'est si nécessaire ;
Cependant je l'estime, et je sens dans mon cœur
Je ne sais quel penchant parler en sa faveur.
Je n'ai peut-être ici qu'avec trop d'imprudence
Laissé d'un vain mépris éclater l'apparence.
Perdons ma sœur : pour lui, consens à l'épargner ;
Loin de le perdre, il faut tâcher de le gagner.
Je sais un sûr moyen de l'armer pour moi-même :
Que te dirai-je, enfin ? c'est Ténésis qu'il aime.

MERMÉCIDE.

Mais pour en disposer, seigneur, est-elle à vous ?
Ninias, engagé dans des liens si doux,

ACTE III, SCÈNE II.

En a gardé peut-être une tendre mémoire.

BÉLUS.

Cette union n'étoit que trop chère à ma gloire :
Qui doit plus que Bélus en regretter les nœuds ?
Cet hymen auroit mis le comble à tous mes vœux.
Mais un plus digne soin veut qu'on lui sacrifie
L'espoir qu'eut Ténésis au trône de l'Asie :
Il faut à Ninias conserver désormais
Un sceptre qui doit seul attirer ses souhaits.
Ma fille fut à lui ; mais ce n'est pas un gage
Qui lui puisse assurer un si noble avantage.
A son premier hymen arrachons Ténésis,
Si je veux d'un second priver Sémiramis :
Ninias n'auroit plus qu'une espérance vaine,
Si jamais Agénor s'unissoit à la reine.
Enfin, puisque le sort m'y contraint aujourd'hui,
Il faut sans murmurer descendre jusqu'à lui,
En de honteux liens engager ma famille,
Aux vœux d'un inconnu sacrifier ma fille.

MERMÉCIDE.

Mais si de son hymen il dédaignoit l'honneur ?

BÉLUS.

Je l'abandonne alors à toute ta fureur.
Adieu. Bientôt ici ce guerrier doit se rendre :
En ces lieux cependant songeons à nous défendre :
Disperse nos amis autour de ce palais ;
Qu'aux troupes de la reine ils en ferment l'accès.
Il faut des plus hardis, commandés par moi-même,
Placer ici l'élite en ce péril extrême ;

Semer de toutes parts des bruits séditieux
Qui puissent ranimer les moins audacieux ;
Dire que Ninias voit encor la lumière,
Qu'il revient pour venger le meurtre de son père.
Je veux de ce faux bruit faire trembler ma sœur ;
Porter le désespoir jusqu'au fond de son cœur.
Tandis qu'ici tu vas signaler ton courage,
Que ma vertu du mien va faire un triste usage !

SCÈNE III.

BÉLUS, seul.

Enfin, c'en est donc fait : me voilà parvenu
Au point de m'abaisser aux pieds d'un inconnu,
De flatter une ardeur que j'ai tant méprisée,
Mais que le sort injuste a trop favorisée !
De l'espoir le plus doux il faut me dépouiller,
Et du sang de ma sœur peut-être me souiller.
Telle est donc de ces lieux l'influence cruelle,
Que même la vertu s'y rendra criminelle !
Et lorsque de ses soins la justice est l'objet,
Elle y doit emprunter le secours du forfait !
Dieux jaloux, dont j'ai tant imploré la vengeance,
Confiez-m'en du moins l'invincible puissance.
Si tel est de mon sang le malheureux destin
Qu'il y faille ajouter un crime de ma main,
Que l'astre injurieux qui sur ce sang préside
Lui doive un assassin après un parricide ;
Grands dieux, si vous n'osez vous joindre à mon courroux,
Daignez pour un moment m'associer à vous.
On vient....

SCÈNE IV.

BÉLUS, AGÉNOR.

BÉLUS.

C'EST l'étranger. Que de trouble à sa vue
S'élève tout-à-coup dans mon ame éperdue !
(à Agénor.)
N'est-ce point abuser des moments d'Agenor,
Que de vouloir ici l'entretenir encor ?
Seigneur, sans me flatter d'une vaine espérance,
Puis-je attendre de vous un peu de confiance ?
Après un entretien mêlé de tant d'aigreur,
Puis-je en espérer un plus conforme à mon cœur ?

AGÉNOR.

Dès qu'il en bannira l'orgueil et la menace,
Qu'il n'ira point lui-même exciter mon audace,
Bélus peut-il penser qu'Agénor aujourd'hui
Manque de confiance ou de respect pour lui ?

BÉLUS.

Je vais donc avec vous employer un langage
Dont jamais ma fierté ne me permit l'usage.
Je vois sur votre front une auguste candeur,
Don du ciel que n'a point démenti votre cœur,
Qui semble m'inviter à vous ouvrir sans crainte
Celui d'un prince né sans détour et sans feinte.
Mais, avant qu'à vos yeux de mes desseins secrets
Je développe ici les sacrés intérêts,
Il m'importe, seigneur, de regagner l'estime
D'un cœur que je ne puis croire que magnanime.

Vous avez cru sans doute, instruit de mes desseins,
Que l'ambition seule avoit armé mes mains.
En effet, à me voir appliqué sans relâche
Aux malheureux complots où mon courroux m'attache,
Qui ne croiroit, seigneur, du moins sans m'offenser,
A de honteux soupçons pouvoir se dispenser ?
Mais ce n'est pas sur moi, qu'aucun désir n'enflamme,
C'est sur les dieux qu'il faut en rejeter le blâme.
La fureur de régner ne m'a point corrompu :
Je régnerois, seigneur, si je l'avois voulu.
Si ma sœur elle-même avoit régné sans crime,
Si sur moi son pouvoir eût été légitime :
Ou si, pour la punir d'un parricide affreux,
Les dieux avoient été plus prompts, plus rigoureux,
Vous ne me verriez point attaquer sa puissance,
Ou sur ces dieux trop lents usurper la vengeance :
Mais ils m'ont de leurs soins dénié la faveur,
Comme si c'étoit moi qu'eût offensé ma sœur,
Ou que je dusse seul embrasser leur querelle.
Je ne suis que pour eux, ils ne sont que pour elle.
Mais vous qu'à mes desseins j'éprouve si fatal,
Lorsque vous devriez en être le rival,
Avec une vertu que l'univers révère,
Qui devroit d'elle-même épouser ma colère,
Je ne vois qu'un héros protecteur des forfaits,
Qui se laisse entraîner au torrent des bienfaits.
Car ne vous flattez point qu'avec quelque innocence
Vous puissiez de ma sœur embrasser la défense.
Eh ! comment se peut-il qu'épris de Ténésis
Vous ayez pu, seigneur, servir Sémiramis ?

Quel étoit donc l'espoir du feu qui vous anime ?
Vous saviez mes projets; ignorez-vous son crime ?
AGÉNOR.
Et que m'importe à moi ce forfait odieux ?
Est-ce à moi sur ce point de prévenir les dieux ?
Pour vous charger ici du soin de son supplice,
Est-ce à vous que le ciel a commis sa justice ?
Seigneur, dans ses desseins votre cœur trop ardent
Ne cache point assez le piège qu'il me tend.
De vos divers complots la trame découverte
Vous fait de votre sœur vouloir hâter la perte :
Dans le dessein affreux d'attenter à ses jours,
Vous voulez lui ravir son unique secours.
Cessez de me flatter que l'univers m'admire,
Pour m'en faire un devoir de refuser l'empire,
De rejeter l'honneur d'un hymen glorieux....
BÉLUS.
Dites plutôt, seigneur, d'un hymen odieux.
Oui, je veux vous ravir ce honteux diadème,
Vous ôter à la reine, et vous rendre à vous-même,
Retenir la vertu qui fuit de votre sein,
De ma fille et de moi vous rendre digne enfin.
Je vois où malgré vous le dépit vous entraîne :
Mais je veux qu'en héros la raison vous ramène,
Dussé-je en suppliant embrasser vos genoux.
Je ne vous nîrai pas que j'ai besoin de vous :
C'est en dire beaucoup pour une ame assez fière,
Que l'on ne vit jamais descendre à la prière ;
Et, si je m'en rapporte au bruit de vos vertus,
C'est en dire encor plus pour vous que pour Bélus.

Croyez que le désir de sauver une vie
Qui malgré tous vos soins pourroit m'être ravie.
N'est pas ce qui m'a fait vous appeler ici :
Ne me soupçonnez point d'un si lâche souci.
Foible raison pour moi : mon cœur en a bien d'autres,
Que je veux essayer de rendre aussi les vôtres.
Dussiez-vous révéler mes secrets à ma sœur,
Je vais vous découvrir jusqu'au fond de mon cœur.
Quelque soin qui pour elle ici vous intéresse,
Je n'exige de vous ni serment ni promesse.
Quel péril trouverois-je encore à m'expliquer ?
Je n'ai plus rien à perdre, et j'ai tout à risquer.
De mon indigne sœur la mort est assurée :
Malgré les dieux et vous, mon courroux l'a jurée.
Oui, seigneur, et ce jour terminera les siens,
Deviendra le plus grand ou le dernier des miens.
Les conjurés sont prêts : leur troupe audacieuse
Portoit jusque sur vous une main furieuse,
Si je n'eusse arrêté leurs complots inhumains.
Quoique vous seul ici traversiez mes desseins,
La vertu sur mon cœur fut toujours trop puissante
Pour pouvoir immoler une tête innocente.
Mais je ne puis souffrir qu'avec tant de valeur
Vous vous déshonoriez à protéger ma sœur.
Si je vous haïssois, votre mort est certaine ;
Je n'ai qu'à vous livrer à l'hymen de la reine :
Mais je veux vous ravir à ce honteux lien,
Et pour y parvenir je n'épargnerai rien.
Abandonnez la sœur, je vous réponds du frère :
Dites-moi, Ténésis vous est-elle encor chère ?

ACTE III, SCÈNE IV.

AGÉNOR.

Cruel ! n'achevez pas, j'entrevois vos desseins :
Offrez à d'autres vœux vos présents inhumains.
Laissez-moi ma vertu : la vôtre, trop farouche,
A mon cœur affligé n'offre rien qui le touche;
Et j'aime mieux encore essuyer vos mépris,
Que de vous voir tenter de m'avoir à ce prix.
Si vous l'aviez pensé, je tiendrois votre estime
Plus honteuse pour moi que ne seroit un crime.
Votre fille m'est chère, et jamais dans mon cœur
Je ne sentis pour elle une plus vive ardeur :
Je l'aime, je l'adore, et mon ame ravie
Eût préféré sa main au trône de l'Asie:
Je conçois tout le prix d'un bonheur si charmant;
Mais je le conçois plus en héros qu'en amant.
Vous remplissez mon cœur de douleur et de rage,
Sans remporter sur lui que ce foible avantage.
Triste et désespéré de vos premiers refus,
Et d'un illustre hymen moins touché que confus,
J'allois quitter ces lieux malgré ma foi promise,
Honteux qu'à mon dépit la reine l'eût surprise :
Mais, seigneur, c'est assez pour m'attacher ici,
Que de tous vos complots vous m'ayez éclairci.
Votre sœur en moi seul a mis son espérance :
Fallût-il de mon sang payer sa confiance,
Aux plus affreux dangers vous me verrez courir,
Sans donner à l'amour seulement un soupir.

BÉLUS.

Courez donc immoler Ténésis elle-même,
Une princesse encor qui peut-être vous aime :

Car enfin, à juger de son cœur par le mien,
Mon penchant doit assez vous répondre du sien.
Mais votre cœur se fait une gloire sauvage
De refuser du mien un si précieux gage.
Mon fils (d'un nom si doux laissez-moi vous nommer,
Et dans ses soins pour vous mon cœur se confirmer),
Une fausse vertu vous flatte et vous abuse ;
Au véritable honneur votre cœur se refuse.
Fait-il donc consister sa gloire à protéger
Des crimes dont déjà vous m'auriez dû venger ?

AGÉNOR.

Voyez où vous emporte une aveugle colère.
Eh ! qui défends-je ici ? La sœur contre le frère.
Votre cœur croit en vain l'emporter sur le mien :
Malgré tout mon amour, je n'écoute plus rien.
Mais si l'on en vouloit à votre illustre tête,
Ma main à la sauver n'en sera pas moins prête.
Entre la reine et vous, juste, mais généreux,
Je me déclarerai pour les plus malheureux.
Adieu, seigneur : je sens que ma vertu chancelle,
Et j'en dois à ma gloire un compte plus fidèle.
Je ne vous cache point ma foiblesse et mes pleurs ;
Mon cœur est déchiré des plus vives douleurs :
Mais il faut mériter par un effort sublime,
S'il ne m'aime, du moins que le vôtre m'estime.
Vous pouvez vous flatter, malgré votre courroux,
Que vous m'avez rendu plus à plaindre que vous.

SCÈNE V.

BÉLUS, seul.

Esclave des bienfaits, moins grand que téméraire,
Puisque tu veux mourir, il faut te satisfaire :
Après t'avoir rendu maître de mes secrets,
Il faut que de tes jours je le sois désormais.
Grands dieux, qui ne m'offrez que de chères victimes,
Ne me les rendrez-vous jamais plus légitimes ?
Mais puisque vous voulez un crime de ma main,
Dieux cruels ! il faut bien s'y résoudre à la fin.

SCÈNE VI.

BÉLUS, TÉNÉSIS.

TÉNÉSIS.

Ah ! seigneur, est-ce vous ? Que mon ame éperdue
Avoit besoin ici d'une si chère vue !
Je ne sais quels projets on médite en ces lieux ;
Mais je ne vois partout que soldats furieux,
Que des fronts menaçants, qu'épouvante, que trouble.
La garde du palais à grands flots se redouble :
La reine frémissante erre de toutes parts,
Et je n'en ai reçu que de tristes regards,
Quoiqu'elle m'ait appris que son hymen s'apprête.
Mais quels apprêts, grands dieux ! pour une telle fête !
Que mon cœur, alarmé de tout ce que je vois,
En conçoit de douleur, et de trouble, et d'effroi !
D'un son tumultueux tout ce palais résonne,
Et je sais qu'en secret la reine vous soupçonne.

BÉLUS.

Ma fille, elle fait plus que de me soupçonner,
Et de bien d'autres cris ces lieux vont résonner.
Que ces tristes apprêts qui causent vos alarmes
Vont vous coûter encor de soupirs et de larmes,
Ma chère Ténésis ! On sait tous mes projets,
Et c'est contre moi seul que se font tant d'apprêts.

TÉNÉSIS.

Pourquoi donc en ces lieux vous arrêter encore ?
Souffrez que pour vous-même ici je vous implore :
Fuyez ; daignez du moins tenter quelque secours
Qui d'un père si cher me conserve les jours.
Mais un reste d'espoir me flatte et vient me luire :
Je crois même, seigneur, devoir vous en instruire.
Agénor a pour moi témoigné quelque ardeur,
Que n'aura point peut-être étouffé ma rigueur.
Ainsi que son pouvoir, sa valeur est extrême :
Que ne fera-t-il point pour plaire à ce qu'il aime ?

BÉLUS.

Agénor ! ah ! ma fille, il n'y faut plus penser.
L'insolent ! à quel point il vient de m'offenser !
Ténésis, si c'est là votre unique espérance,
Vous me verrez bientôt immoler sans défense.
Je veux à votre gloire épargner un récit
Qui ne vous causeroit que honte et que dépit.
Au maître des humains je vous avois unie :
Après m'être flatté d'une gloire infinie,
Il m'a fallu descendre à des nœuds sans éclat,
Et d'un soin si honteux je n'ai fait qu'un ingrat.

Ma fille, on vous préfère une reine barbare :
Contre vous, contre moi, pour elle on se déclare.
Je me suis abaissé jusques à supplier ;
Mais qu'un vil étranger vient de m'humilier !

TÉNÉSIS.

Je vous connois tous deux : violents l'un et l'autre,
Son cœur fier n'aura pas voulu céder au vôtre :
Une timide voix saura mieux le fléchir.
Je n'examine rien, s'il peut vous secourir :
Souffrez pour un moment que je m'offre à sa vue.

BÉLUS.

Ma fille, il n'est plus temps ; sa perte est résolue.
Plus que les miens ici ses jours sont en danger :
De ses lâches refus son sang va me venger.
Adieu. De ce palais, où bientôt le carnage
Va n'offrir à nos yeux qu'une effroyable image,
Fuyez ; dérobez-vous de ce funeste lieu,
Où je vous dis peut-être un éternel adieu.

SCÈNE VII.

TÉNÉSIS, seule.

O Sort, si notre sang te doit quelques victimes,
La reine à ton courroux n'offre que trop de crimes !
Hélas ! c'en est donc fait, et je touche au moment
Où je verrai périr mon père ou mon amant
L'un par l'autre ! et tous deux, soit l'amant, soit le père,
Ils n'armeront contre eux qu'une main qui m'est chère,
Et ne me laisseront, pour essuyer mes pleurs,
Que celle qui viendra de combler mes malheurs !

Mais en est-ce un pour moi que la mort d'un perfide
Qui préfère à ma main une main parricide ?
Dès qu'un lâche intérêt le jette en d'autres bras,
Que m'importe son sort ?... Ce qu'il m'importe ? hélas !
Malheureuse ! malgré ta tendresse trahie,
Dis qu'il t'importe encor plus que ta propre vie,
Et que l'ingrat lui seul occupe plus ton cœur,
Qu'un père infortuné n'excite ta douleur.
Non, non ; malgré Bélus il faut que je le voie :
De leur hymen du moins je veux troubler la joie,
M'offrir à leurs regards l'œil ardent de courroux,
Les immoler tous deux à mes transports jaloux.
Hélas ! que ma douleur tromperoit mon attente !
L'ingrat ne me verroit qu'affligée et mourante,
Loin de les immoler, me traîner à l'autel,
Et moi-même en mon sein porter le coup mortel ;
De leur hymen offrir pour première victime
Un cœur qui sans amour auroit été sans crime.
Ah ! lâche, si tu veux t'immoler en ce jour,
Que ce soit à ta gloire, et non à ton amour.
N'importe, il faut le voir : un repentir peut-être
A mes pieds malgré lui ramènera le traître.
Pour mon père du moins implorons son secours ;
Lui seul peut m'assurer de si précieux jours.
Heureuse que ce soit puisse aux yeux d'un parjure
Voiler ceux que l'amour dérobe à la nature !

FIN DU TROISIÈME ACTE.

ACTE QUATRIÈME.

SCÈNE I.

AGÉNOR, seul.

Où vais-je ? malheureux ! et quel est mon espoir ?
Indomtable fierté, chimérique devoir,
Si tu veux qu'à tes lois la gloire encor m'enchaîne,
Cache donc mieux l'abîme où mon dépit m'entraîne ;
Ou ne me réduis point à te sacrifier
Un bien à qui mon cœur se promit tout entier.
Ah ! fuyons de ces lieux, ou laissons dans mon ame
Renaître les transports de ma première flamme ;
Allons chercher ailleurs des lauriers dont l'honneur
Flatte plus ma vertu, coûte moins à mon cœur.
Il ne me reste plus, pour l'ébranler encore
Que de m'offrir aux yeux de celle que j'adore.
Qu'à regret je combats ce funeste désir !
Mais je la vois. Grands dieux ! que vais-je devenir ?
Fuyons, n'attendons pas que mon ame éperdue
S'abandonne aux transports d'une si chère vue.

SCÈNE II.

TÉNÉSIS, AGÉNOR.

TÉNÉSIS.

Ne fuyez point, seigneur : un cœur si généreux
Ne doit pas éviter l'abord des malheureux.
Hélas ! je ne viens point pour troubler par mes larmes
Un hymen qui pour vous doit avoir tant de charmes :
Vous ne me verrez point, contraire à vos désirs,
A des transports si doux mêler mes déplaisirs.
Je viens, seigneur, je viens, tremblante pour un père,
Confier à vos soins une tête si chère,
Embrasser vos genoux, et d'un si ferme appui
Implorer le secours moins pour moi que pour lui.
Je ne demande point qu'à la reine infidèle,
Pour sauver des ingrats, vous vous armiez contre elle
Tant d'espoir n'entre point au cœur des malheureux;
Ils ne savent former que de timides vœux.
Non, d'un amour juré sous de si noirs auspices
Je n'attends plus, seigneur, de si grands sacrifices.
Hélas ! qui m'auroit dit qu'après des soins si doux
Je viendrois sans succès tomber à vos genoux,
Qu'on ne me répondroit que par un froid silence ?
Ah ! d'un regard, du moins rendez-moi l'espérance.
Ne suffisoit-il pas du refus de ma main,
Sans me plonger encor le poignard dans le sein ?
Daignez prendre pitié d'une triste famille :
N'immolez pas du moins le père avec la fille.

AGÉNOR.

Ah ! ne m'outragez point par cet indigne effroi ;
Si j'immole quelqu'un, ce ne sera que moi.
N'accablez point vous-même un amant déplorable,
Plus malheureux que vous, peut-être moins coupable.
Hélas ! où malgré moi m'avez-vous engagé !
Dans quel abîme affreux vos rigueurs m'ont plongé !
Il est vrai qu'au dépit mon ame abandonnée
A voulu se venger par un prompt hyménée.
J'ai fait plus : un devoir sacré, quoiqu'inhumain,
M'a fait avec fierté rejeter votre main ;
Mais on en exigeoit pour prix un sacrifice
Dont jamais ma vertu n'admettra l'injustice ;
Et si je vous avois acceptée à ce prix,
Vous-même ne m'eussiez reçu qu'avec mépris.
Ce n'est pas que mon cœur, rebuté de sa chaîne,
Se soit un seul moment écarté vers la reine :
J'aurois trop à rougir si pour Sémiramis
J'avois abandonné l'aimable Ténésis.
Je la perds cependant si je lui suis fidèle :
Si je lui sacrifie une reine cruelle,
Je ne suis plus qu'un cœur sans honneur et sans foi ;
Sceptre, maîtresse, honneur, tout est perdu pour moi.
Adieu, madame, adieu ; je vais loin de l'Asie
Signaler la fureur dont mon ame est saisie :
Mais avant mon départ je sauverai Bélus,
Je sauverai la reine, et ne vous verrai plus.
A des périls trop sûrs c'est exposer ma gloire,
Que d'oser à vos yeux disputer la victoire.

TÉNÉSIS.

Hélas ! malgré les soins de ce que je me doi,
Que la mienne, seigneur, sera triste pour moi !
Qu'Agénor frémiroit de mon destin barbare,
S'il savoit comme moi tout ce qui nous sépare,
Et de combien d'horreurs nos cœurs sont menacés !
Mais, sans vous informer de mes malheurs passés,
Je ne souffrirai point qu'une flamme si belle,
Dont je mérite peu l'attachement fidèle,
Pour tout prix des secours que j'implore de vous,
Vous fasse renoncer à l'espoir le plus doux.
Quoi qu'il m'en coûte, il faut vous donner à la reine ;
Je veux former moi-même une si belle chaîne,
Ne pouvant vous payer que du don de sa foi :
Mais croyez, si ma main eût dépendu de moi,
Que j'aurois fait, seigneur, le bonheur de ma vie
De voir à vos vertus ma destinée unie ;
Et, si jamais le sort pouvoit nous rapprocher,
Que votre cœur n'auroit rien à me reprocher.
Je ne vous nirai pas, seigneur, que je vous aime ;
Je trouve à vous le dire une douceur extrême ;
Et l'amour n'a point cru déshonorer mon cœur
En y faisant pour vous naître une vive ardeur.
Mais, hélas ! cet aveu, si doux en apparence,
N'en doit pas plus, seigneur, flatter votre espérance :
Je ne sais point former de parjures liens.
Quoiqu'un âge bien tendre ait vu serrer les miens,
Il n'en est pas moins vrai qu'un funeste hyménée
Aux lois d'un autre époux soumet ma destinée.

ACTE IV, SCÈNE II.

AGÉNOR.

Vous, madame?

TÉNÉSIS.

Et j'ai cru devoir vous révéler
Ce qu'ici vainement je voudrois vous celer.
Ce seroit vous trahir....

AGÉNOR.

Ah! cruelle princesse,
De quel barbare prix payez-vous ma tendresse!
Et puisqu'enfin j'allois abandonner ces lieux,
Pourquoi me dévoiler ces secrets odieux?

TÉNÉSIS.

Trop d'espoir eût séduit votre ame généreuse.

AGÉNOR.

Mais il en eût rendu la douleur moins affreuse.
Hélas! que le destin, en unissant nos cœurs,
S'est bien fait un plaisir d'égaler nos malheurs!
Comme vous à l'hymen engagé dès l'enfance,
Cependant de ses nœuds j'ai bravé la puissance;
Et de tous les serments dont j'attestai les dieux,
Je n'ai gardé que ceux que je fis à vos yeux.
Quelle étoit cependant celle à qui l'hyménée
Du parjure Agénor joignit la destinée?
J'ignore encor son nom; mais je sais que jamais
La jeunesse ne vit briller autant d'attraits.
S'ils ont pu se former, qu'elle doit être belle!
La seule Ténésis l'emporteroit sur elle.

Que vous plaindrez mon sort à ce fatal récit !
Près de Sinope....

TÉNÉSIS.

O ciel ! quel trouble me saisit !
Ne fut-ce point, seigneur, près d'un antre terrible,
Des décrets du destin interprète invisible ?

AGÉNOR.

C'est là, pour la première et la dernière fois,
Que je vis la beauté qu'on soumit à mes lois.
Du pyrope éclatant sa tête étoit ornée :
Sans pompe cependant elle fut amenée.
Un mortel vénérable, et dont l'auguste aspect
Inspiroit à-la-fois la crainte et le respect,
Conduisoit à l'autel cette jeune merveille ;
Age peu différent, suite toute pareille,
Un prêtre, deux vieillards, nul esclave près d'eux :
De la pourpre des rois on nous orna tous deux.

TÉNÉSIS.

Mais, seigneur, à l'autel ne vit-on point vos mères ?

AGÉNOR.

L'un et l'autre avec nous nous n'avions que nos pères.

TÉNÉSIS.

Achevez.

AGÉNOR.

J'ai tout dit.

ACTE IV, SCÈNE II.

TÉNÉSIS.

Hélas ! c'étoit donc vous ?

AGÉNOR.

Quoi ! madame...

TÉNÉSIS.

Ah ! seigneur, vous êtes mon époux.

AGÉNOR.

Moi, votre époux ! qui ? moi, le fils de Mermécide !

TÉNÉSIS.

Ah ! seigneur, ce nom seul de notre hymen décide :
Bélus m'en a parlé cent fois avec transport,
De ce fils disparu plaignant toujours le sort.
De celui des humains ce fils doit être arbitre.

AGÉNOR.

Mon cœur est moins touché d'un si superbe titre,
Que d'un bien....

TÉNÉSIS.

Terminons des transports superflus.
Adieu, seigneur, adieu ; je cours chercher Bélus.
Les moments nous sont chers ; il faut que je vous laisse.

SCÈNE III.

AGÉNOR, seul.

Qu'ai-je entendu ? qui ? moi, l'époux de la princesse !
Et comment ce Bélus, si jaloux de son rang,
A-t-il pu se choisir un gendre de mon sang ?
Mais quel est donc celui dont le ciel m'a fait naître,
Si l'univers en moi doit adorer un maître ?

SCÈNE IV.

MIRAME, AGÉNOR.

MIRAME.

Seigneur, un étranger, qui se cache avec soin,
Demande à vous parler un moment sans témoin.

AGÉNOR.
(à part.)

Qu'il entre. Cependant, que mon ame agitée,
Tout entière aux plaisirs dont elle est transportée,
Auroit besoin ici d'un peu de liberté !

SCÈNE V.

MERMÉCIDE, AGÉNOR, MIRAME.

AGÉNOR.

Approchez; vous pouvez parler en sûreté.

MERMÉCIDE.

D'un secret important chargé de vous instruire....
Mais daignez ordonner, seigneur, qu'on se retire.

AGÉNOR, à Mirame.

Sortez.

SCÈNE VI.

AGÉNOR, MERMÉCIDE.

AGÉNOR.

Eh bien ! quel est ce secret important ?
Hâtez-vous; tout m'appelle ailleurs en cet instant.

ACTE IV, SCÈNE VI.

MERMÉCIDE.

Seigneur, dans ce billet que j'ose ici vous rendre....

AGÉNOR.

De quelle main ?

MERMÉCIDE.

Lisez, et vous allez l'apprendre.

AGÉNOR.

C'est de Bélus, sans doute ; et son cœur généreux
Daigne encor.... Mais lisons.

(Mermécide tire un poignard, et le lève pour frapper Agénor.)

AGÉNOR, arrêtant le bras de Mermécide.

Arrête, malheureux !
D'une si foible main qu'espères-tu, perfide ?
Mais qu'est-ce que je vois? Grands dieux! c'est Mermécide !

MERMÉCIDE.

Ciel ! que vois-je à mon tour ? Mérodate ! mon fils !
Et pour comble d'horreurs, parmi mes ennemis !

AGÉNOR.

Seigneur, ne mêlez point d'amertume à ma joie :
Pénétré du bonheur que le ciel me renvoie,
Mon cœur ne ressentit jamais tant de douceur.

MERMÉCIDE.

Et le mien n'a jamais ressenti tant d'horreur.
En quels lieux m'offrez-vous une tête si chère ?

AGÉNOR.

O ciel ! à quels transports reconnois-je mon père ?

MERMÉCIDE.

Dieux ! ne m'a-t-il coûté tant de soins, tant de pleurs,
Que pour le voir lui seul combler tous mes malheurs ?
De l'éclat qui vous suit que mon ame alarmée,

Cruel! en d'autres lieux auroit été charmée!
Ah! fils trop imprudent, que faites-vous ici?
De votre sort affreux tremblez d'être éclairci.
Mais j'aperçois la reine, ingrat! et je vous laisse.

AGÉNOR.

Ah! de noms moins cruels honorez ma tendresse :
Du plaisir de vous voir ne privez point mes yeux :
Vous n'avez près de moi rien à craindre en ces lieux.

SCÈNE VII.

SÉMIRAMIS, AGÉNOR, MERMÉCIDE.

SÉMIRAMIS.

Que faites-vous, seigneur? et quel soin vous arrête
Lorsque mille périls menacent notre tête?
Babylone en fureur s'arme de toutes parts :
On a déjà chassé nos soldats des remparts :
De ce palais bientôt les mutins sont les maîtres,
Si ce bras triomphant n'en écarte les traîtres.
Venez, seigneur, venez, accompagné de moi,
Leur montrer leur vainqueur, mon époux, et leur roi.
Eh quoi! loin de voler où ma voix vous appelle,
De nos périls communs négligeant la nouvelle,
A peine vous daignez.... Mais qui vois-je avec vous?
Mon ennemi, seigneur, et le plus grand de tous!
Ah! traître, enfin le ciel te livre à ma vengeance!

AGÉNOR.

Daignez de ces transports calmer la violence.
De quels crimes s'est donc noirci cet étranger,
Pour forcer une reine à vouloir s'en venger?

ACTE IV, SCÈNE VII.

SÉMIRAMIS.

De quels crimes, seigneur ? Le perfide ! le lâche !...
Mais en vain à la mort votre pitié l'arrache :
Le ciel même dût-il s'armer en sa faveur,
Rien ne peut le soustraire à ma juste fureur.

AGÉNOR.

Je vous ai déjà dit que j'ignore son crime :
Quel qu'il soit cependant, j'adopte la victime.
Cet étranger m'est cher ; j'ose même aujourd'hui
Ici comme de moi vous répondre de lui.
Dès mes plus jeunes ans je connois Mermécide.

SÉMIRAMIS.

Vous n'avez donc connu qu'un rebelle, un perfide,
Indigne de la vie et de votre pitié ;
Que loin de dérober à mon inimitié
Vous devriez livrer vous-même à ma justice,
Ou m'en laisser du moins ordonner le supplice.
Pour le priver, seigneur, d'un si puissant secours,
Faut-il vous dire encor qu'il y va de mes jours ?
Mais, ingrat, ce n'est pas ce qui vous intéresse.
En vain je fais pour vous éclater ma tendresse :
Ce généreux secours qu'on m'avoit tant promis
Se termine à sauver mes plus grands ennemis.

AGÉNOR.

Madame, si le ciel ne vous en fit point d'autres,
Vous me verrez long-temps le protecteur des vôtres.
Si celui-ci surtout a besoin de secours,
Jusqu'au dernier soupir je défendrai ses jours.
Il n'est empire, honneur, que je ne sacrifie
Au soin de conserver une si chère vie.

SÉMIRAMIS.

Ah ! qu'est-ce que j'entends ? Je ne sais quelle horreur
Se répand tout-à-coup jusqu'au fond de mon cœur.
Je ne vois dans leurs yeux qu'un trouble qui me glace.
Seigneur, entre vous deux qu'est-ce donc qui se passe ?
Quel intérêt si grand prenez-vous à ses jours ?

AGÉNOR.

Est-il besoin encor d'éclaircir ce discours ?
Voulez-vous qu'à vos coups j'abandonne mon père ?

MERMÉCIDE.

Non, je ne le suis pas ; mais voilà votre mère.

AGÉNOR.

Ma mère !

SÉMIRAMIS.

Lui mon fils ! Grands dieux ! qu'ai-je entendu ?
Cher Agénor, hélas ! je vous ai donc perdu !

MERMÉCIDE.

Heureuse bien plutôt qu'en cette horrible flamme
Un mystère plus long n'ait point nourri votre ame !
Je n'ai laissé que trop Ninias dans l'erreur :
Je frémis des périls où j'ai livré son cœur.
Eh ! qui pouvoit prévoir qu'une ardeur criminelle
Relègueroit au loin la nature infidèle ?
Revenez-tous les deux de votre étonnement,
Et vous, reine, encor plus de votre égarement.
Voilà ce Ninias si digne de son père,
Mais à qui les destins devoient une autre mère.

NINIAS.

Mermécide, arrêtez : c'est ma mère, et je veux
Qu'on la respecte autant qu'on respecte les dieux.

Je n'oublirai jamais que je lui dois la vie,
Et je ne prétends pas qu'aucun autre l'oublie.

SÉMIRAMIS.

Non, tu n'es point mon fils : en vain cet imposteur
Prétend de mon amour démentir la fureur :
Si tu l'étois, déjà la voix de la nature
Eût détruit de l'amour la première imposture.
Il n'est qu'un seul moyen de me montrer mon fils;
C'est par un prompt secours contre mes ennemis.
Qu'à mon courroux sa main prête son ministère,
Qu'il t'immole; à ce prix je deviendrai sa mère.
Mais je ne la suis pas; je n'en ressens du moins
Les entrailles, l'amour, les remords, ni les soins.
Cruel! pour me forcer à te céder l'empire,
Il suffisoit de ceux que mon amour m'inspire :
Tu n'avois pas besoin d'emprunter contre lui
D'un redoutable nom l'incestueux appui.
Va te joindre à Bélus, cœur ingrat et perfide;
Rends-toi digne de moi par un noir parricide;
Viens toi-même chercher dans mon malheureux flanc
Les traces de Ninus et le sceau de ton sang.
Mais, soit fils, soit amant, n'attends de moi, barbare!
Que les mêmes horreurs que ton cœur me prépare.
Comme fils, n'attends rien d'un cœur ambitieux;
Comme amant, encor moins d'un amour furieux.
Je périrai le front orné du diadème;
Et s'il faut le céder, tu périras toi-même.
Ingrat, je t'aime encore avec trop de fureur
Pour te sacrifier les transports de mon cœur.

Garde-toi cependant d'une amante outragée;
Garde-toi d'une mère à ta perte engagée.
Adieu : fuis sans tarder de ces funestes lieux :
Respecte-s-y du moins mère, amante, ou les dieux.

NINIAS.

Oui, je vais vous prouver par mon obéissance
Combien le nom de mère a sur moi de puissance.
Puisse à votre grand cœur ce nom qui m'est si doux
N'inspirer que des soins qui soient dignes de vous !

SCÈNE VIII.
SÉMIRAMIS, PHÉNICE.

SÉMIRAMIS.

INGRAT ! quels soins veux-tu que la nature inspire
A ce cœur qui jamais n'en reconnut l'empire ?
Ce cœur infortuné, que l'amour a séduit,
A t'aimer comme un fils fut-il jamais instruit ?
Un moment suffit-il pour éteindre une flamme
Que le courroux du ciel irrite dans mon ame ?
Penses-tu qu'en un cœur si sensible à l'amour
L'effort d'en triompher soit l'ouvrage d'un jour ?
Parceque tu me hais, tu le trouves facile :
Ta vertu contre moi te sert du moins d'asile.
Nature trop muette, et vous, dieux ennemis,
Instruisez-moi du moins à l'aimer comme un fils :
Ou prêtez-moi contre elle un secours favorable,
Ou laissez-moi sans trouble une flamme coupable.
Mais pourquoi m'alarmer de ce fils imposteur,
Supposé par Bélus, démenti par mon cœur ?

ACTE IV, SCÈNE VIII.

Quelle foi près de lui doit trouver Mermécide ?
Puis-je en croire un moment un témoin si perfide ?
Ninias ne vit plus : un frivole souci....

PHÉNICE.

Mégabise en mourant n'a que trop éclairci
Ce doute malheureux où votre cœur se livre,
Madame : Ninias n'a point cessé de vivre.
Avez-vous oublié tout ce que de son sort
Vient de vous révéler un fidèle rapport ?
Et quel funeste espoir peut vous flatter encore,
Puisqu'enfin Ténésis est celle qu'il adore ?
Vous seule l'ignorez, lorsque toute la cour
Retentit dès long-temps du bruit de son amour.
Loin d'en croire aux transports qui séduisent votre ame,
Dans ce péril pressant songez à vous, madame.

SÉMIRAMIS.

Qu'espères-tu de moi dans l'état où je suis ?
Détester mes forfaits est tout ce que je puis.
Tout en proie aux horreurs dont mon ame est troublée
Je cède au coup affreux dont je suis accablée :
Je succombe, Phénice ; et mon cœur abattu
Contre tant de malheurs se trouve sans vertu.
Mais quoi ! seule à gémir de mon sort déplorable,
J'en laisserois jouir le cruel qui m'accable !
Mon sceptre et mon amour m'ont coûté trop d'horreurs,
Pour n'y pas ajouter de nouvelles fureurs.
Quelque destin pour eux que mon cœur ait à craindre,
Le vainqueur plus que moi sera peut-être à plaindre.
Non, je ne verrai point triompher Ténésis
Des malheurs où le sort réduit Sémiramis :

Sur l'objet que sans doute un ingrat me préfère
Il faut que je me venge et d'un fils et d'un frère.
Elle est entre mes mains ; et le fidèle Arbas,
Au gré de mon courroux, a juré son trépas.
Rentrons : c'est dans le sang d'une indigne rivale
Qu'il faut que ma fureur désormais se signale.
Embrasons ce palais par mes soins élevé :
Sa cendre est le tombeau qui m'étoit réservé.
C'est là que je prétends du sang de son amante
Offrir à Ninias la cendre encor fumante.
L'ingrat, qui croit peut-être insulter à mon sort,
Donnera malgré lui des larmes à ma mort.

FIN DU QUATRIÈME ACTE.

ACTE CINQUIÈME.

SCÈNE I.

SÉMIRAMIS, seule.

Que deviens-je? où fuirai-je? Amante déplorable,
Épouse sans vertu, mère encor plus coupable,
Où t'iras-tu cacher? Quel gouffre assez affreux
Est digne d'enfermer ton amour malheureux?
Tu n'en fis pas assez, reine de sang avide :
Il falloit joindre encor l'inceste au parricide !
Tes vœux n'auroient été qu'à demi satisfaits.
Grands dieux, devois-je craindre, après tant de forfaits,
Après que mon époux m'a servi de victime,
Que vous pussiez encor me réserver un crime?
Terre, ouvre-moi ton sein, et redonne aux enfers
Ce monstre dont ils ont effrayé l'univers ;
Dérobe à la clarté l'abominable flamme
Dont les feux du-Ténare ont embrasé mon ame.
Dieux, qui m'abandonnez à ces honteux transports,
N'en attendez, cruels, ni douleur ni remords.
Je ne tiens mon amour que de votre colère ;
Mais pour vous en punir mon cœur veut s'y complaire.
Je veux du moins aimer comme ces mêmes dieux,
Chez qui seuls j'ai trouvé l'exemple de mes feux.

Cesse de t'en flatter, malheureuse mortelle !
Où crois-tu de tes feux trouver l'affreux modèle ?
Et quel indigne espoir vient t'agiter encor ?
Crois-tu dans Ninias retrouver Agénor ?
Contente-toi d'avoir sacrifié le père,
Et reprends pour le fils des entrailles de mère.
Dangereux Ninias, ne t'avois-je formé
Si grand, si généreux, si digne d'être aimé,
Que pour me voir moi-même adorer mon ouvrage,
Et trahir la nature, à qui j'en dois l'hommage ?
Mais de quel bruit affreux....

SCÈNE II.

SÉMIRAMIS, PHÉNICE, ARBAS.

SÉMIRAMIS.

Ciel ! qu'est-ce que je voi ?
Phénice, où courez-vous ? et d'où naît votre effroi ?

PHÉNICE.

Fuyez, reine, fuyez ; vos soldats vous trahissent :
Du nom de Ninias tous ces lieux retentissent.
A peine a-t-il paru, qu'à son terrible aspect
Vos gardes n'ont fait voir que crainte et que respect.
La fierté dans les yeux, et bouillant de colère,
J'ai vu lui-même encor votre perfide frère,
Des soldats mutinés échauffant la fureur,
Ordonner à grands cris le trépas de sa sœur.
Où sera votre asile en ce moment funeste ?

SÉMIRAMIS.

Va, ne crains rien pour moi tant qu'un soupir me reste.

Au gré de son courroux le ciel peut m'accabler;
Mais ce sera du moins sans me faire trembler.
Arbas, je sais pour moi jusqu'où va votre zèle,
Et vous êtes le seul qui me restiez fidèle.
En remettant ici la princesse en vos mains,
Je vous ai déclaré quels étoient mes desseins.
Allez, et vous rendez, par votre obéissance,
Digne de mes bienfaits et de ma confiance.
Songez dans quels périls vous vous précipitez
Si ces ordres bientôt ne sont exécutés.

SCÈNE III.

SÉMIRAMIS, PHÉNICE.

SÉMIRAMIS.

Et nous, allons, Phénice, au devant d'un barbare;
Nous exposer sans crainte à ce qu'il nous prépare:
Viens me voir terminer mon déplorable sort.
Suis-moi; je vais t'apprendre à mépriser la mort.

SCÈNE IV.

NINIAS, SÉMIRAMIS, PHÉNICE.

SÉMIRAMIS.

Mais qu'est-ce que je vois?... Ah! courroux si terrible,
Qu'à cet aspect si cher vous devenez flexible!
(à Ninias.)
Traître, que cherches-tu dans ces augustes lieux ?

NINIAS.

La mort, ou le seul bien qui me fut précieux.

Ce que j'y cherche? Hélas! j'y viens chercher ma mère;
J'y viens livrer un fils à toute sa colère.
SÉMIRAMIS.
Toi mon fils! toi, cruel! l'objet de ma fureur,
Que je ne puis plus voir sans en frémir d'horreur!
Tandis que devant moi ton orgueil s'humilie,
Je vois que tu voudrois pouvoir m'ôter la vie.
Mais Ténésis retient un si noble courroux:
Incertain de son sort, on tremble devant nous;
On vient livrer un fils à toute ma colère,
Tandis qu'au fond de l'ame on déteste sa mère.
Tu m'as plainte un moment, perfide! mais ton cœur
S'est bientôt rebuté de ce soin imposteur.
Juge si je puis voir, sans un excès de joie,
Les douloureux transports où ton ame est en proie.
Regarde en quel état un déplorable amour
Réduit l'infortunée à qui tu dois le jour.
Prive-moi de celui qu'à regret je respire:
Ne t'en tiens point au soin de me ravir l'empire;
Arrache-moi du moins aux horribles transports
Qui s'emparent de moi malgré tous mes efforts.
Quoiqu'il ne fût jamais mère plus malheureuse,
Mon sort doit peu toucher ton ame généreuse.
Dès que le crime seul cause tous nos malheurs,
On ne doit plus trouver de pitié dans les cœurs.
NINIAS.
Que le mien cependant est sensible à vos larmes!
Que ce sont contre un fils de redoutables armes!
Quel que soit le dessein qui m'ait conduit ici,
Avez-vous pu penser que ce fils endurci,

ACTE V, SCÈNE IV.

Déshérité des soins que la nature inspire,
Ait voulu vous priver du jour ou de l'empire?
Ah! ma mère, souffrez, malgré votre courroux,
Que d'un nom si sacré je m'arme contre vous.
Votre fureur en vain me le rend redoutable :
En vain on vous reproche un crime épouvantable :
Les dieux en ont semblé perdre le souvenir;
Je dois les imiter, loin de vous en punir.
Rendez-moi votre cœur, mais tel que la nature
Le demande pour moi par un secret murmure;
Ou je vais à vos pieds répandre tout ce sang
Que mon malheur m'a fait puiser dans votre flanc.
Rendez-moi Ténésis, rendez-moi mon épouse.
Est-ce à moi d'éprouver votre fureur jalouse?

SÉMIRAMIS.

Maître de l'univers, c'en est trop; levez-vous :
Ce n'est pas au vainqueur à fléchir les genoux.
Arbitre souverain de ce superbe empire,
Quels cœurs à vos souhaits ne doivent point souscrire?
Jugez si c'est à moi d'en retarder l'espoir.
Puisque c'est le seul bien qui reste en mon pouvoir,
Je vais sans différer contenter votre envie,
Vous rendre Ténésis, mais ce sera sans vie.

NINIAS.

Ah! si je le croyois....

SÉMIRAMIS.

Je brave ta fureur,
Fils ingrat : mon supplice est au fond de mon cœur.
Menace, tonne, éclate, et m'arrache une vie
Que déjà tant d'horreurs m'ont à demi ravie.

Ose de mon trépas rendre ces lieux témoins,
Te voilà dans l'état où je te crains le moins.
Tes soins et ta pitié me rendoient trop coupable,
Et mon dessein n'est pas de te trouver aimable.
Je fais ce que je puis pour exciter ta main
A me plonger, barbare, un poignard dans le sein.
Et qu'ai-je à perdre encore en ce moment funeste?
La lumière du ciel, que mon ame déteste?
La mort de mon époux, graces à mes transports,
N'est plus un attentat digne de mes remords.
Et tu crois m'effrayer par des menaces vaines!
Cruel! un seul regret vient accroître mes peines;
C'est de ne pouvoir pas, au gré de ma fureur,
Immoler à tes yeux l'objet de ton ardeur.

NINIAS.

O ciel! vit-on jamais dans le cœur d'une mère
D'aussi coupables feux éclater sans mystère?
Dieux, qui l'aviez prévu, falloit-il en son flanc
Permettre que Ninus me formât de son sang?
Que vous humiliez l'orgueil de ma naissance!

SCÈNE V.

NINIAS, SÉMIRAMIS, BÉLUS, PHÉNICE,
MERMÉCIDE, MADATE, MIRAME, Gardes.

NINIAS, à Bélus.

Ah! seigneur, est-ce vous? Que de votre présence
Mon cœur avoit besoin dans ces moments affreux!
Qu'ils ont été pour moi tristes et rigoureux!
Mais quoi! sans Ténésis?

BÉLUS.
La douleur qui me presse
Annonce assez, mon fils, le sort de la princesse.

SÉMIRAMIS, à part.
L'auroit-on immolée, au gré de mes souhaits ?

BÉLUS.
Seigneur, j'ai vainement parcouru ce palais ;
En vain dans ses détours ma voix s'est fait entendre :
De son triste destin je n'ai pu rien apprendre.
C'en est fait ! pour jamais vous perdez Ténésis.
Mais que vois-je ? Avec vous, seigneur, Sémiramis !
Eh quoi ! cette inhumaine est en votre puissance,
Et ma fille et Ninus sont encor sans vengeance !
Sourd à la voix du sang qui s'élève en ces lieux,
Dans leur foible courroux imitez-vous les dieux ?
Et toi, dont la fureur désole ma famille,
Barbare ! réponds-moi, qu'as-tu fait de ma fille ?

SÉMIRAMIS.
Ce que ton lâche cœur vouloit faire de moi,
Et ce que je voudrois pouvoir faire de toi.

SCÈNE VI.

TÉNÉSIS, NINIAS, SÉMIRAMIS, BÉLUS,
MERMÉCIDE, MIRAME, MADATE,
PHÉNICE, GARDES.

SÉMIRAMIS.
Mais qu'est-ce que je vois ? O ciel ! je suis trahie !

NINIAS, à Ténésis.
Quoi ! madame, c'est vous ! Une si chère vie.....

SÉMIRAMIS.

TÉNÉSIS.

Seigneur, si c'est un bien pour vous si précieux,
Rendez grace à la main qui nous rejoint tous deux.
(en montrant Mermécide.)
Vous voyez devant vous l'étranger intrépide
Par qui j'échappe aux coups d'une main parricide.
(A Sémiramis.)
Reine, rassurez-vous; Ténésis ne vient pas
Vous reprocher ici l'ordre de son trépas.
Je viens pour implorer, et d'un fils et d'un frère,
La grace d'une sœur et celle d'une mère,
Ou me livrer moi-même à leur juste courroux.
C'est ainsi que mon cœur veut se venger de vous.
(à Ninias.)
Seigneur, si ma prière a sur vous quelque empire,
C'est l'unique faveur que de vous je désire :
L'un et l'autre, daignez l'accorder à mes vœux.

SÉMIRAMIS.

Madame, je dois trop à ces soins généreux :
Cette noble pitié, quoique peu désirée,
N'en est pas moins ici digne d'être admirée.
Je ne m'attendois pas à vous voir aujourd'hui
Dans mon propre palais devenir mon appui.
Jouissez du bonheur que le ciel vous renvoie;
Je n'en troublerai plus la douceur ni la joie.
Je rends graces au sort qui nous rassemble ici.
Vous voilà satisfaits, et je le suis aussi.
(Elle se tue.)

NINIAS.

Ah ! juste ciel !

ACTE V, SCÈNE VI.

SÉMIRAMIS.

Ingrat, cesse de te contraindre :
Après ce que j'ai fait, est-ce à toi de me plaindre ?
Que ne me plongeois-tu le poignard dans le sein !
J'aurois trouvé la mort plus douce de ta main.
Trop heureux cependant qu'une reine perfide
Épargne à ta vertu l'horreur d'un parricide !
Adieu. Puisse ton cœur, content de Ténésis,
Mon fils, n'y pas trouver une Sémiramis !

(Elle meurt.)

FIN.

PYRRHUS,

TRAGÉDIE,

Représentée pour la première fois le
29 avril 1726.

A MONSIEUR

PÂRIS,

Conseiller du roi en ses conseils d'état privés, ancien garde du trésor royal.

Monsieur,

Le sort que le public a daigné faire à Pyrrhus, tout brillant qu'il a été, n'est point encore aussi touchant pour moi que le plaisir de vous offrir un ouvrage applaudi, et de pouvoir, par ce présent, vous donner une marque plus éclatante des sentiments que j'ai pour vous; sentiments auxquels vous laissez si peu de carrière, à certains égards, qu'il faut, malgré soi, se conformer à votre façon de penser, trop modeste et trop délicate pour s'accommoder du style ordinaire d'une épitre dédicatoire. Vous avez voulu, MONSIEUR, que celle-ci fût seulement un témoignage authentique de l'amitié qui nous lie. Heureux si, par des preuves plus solides de la mienne, je pouvois un jour vous convaincre qu'on ne peut être avec une estime plus respectueuse et une vénération plus parfaite,

MONSIEUR,

votre très humble et très obéissant serviteur,

JOLYOT DE CRÉBILLON.

PERSONNAGES.

PYRRHUS, roi d'Épire, élevé sous le nom d'Hélénus fils de Glaucias.
GLAUCIAS, roi d'Illyrie.
NÉOPTOLÈME, usurpateur de l'Épire, prince du sang de Pyrrhus.
ILLYRUS, fils de Glaucias.
ÉRICIE, fille de Néoptolème.
ANDROCLIDE, officier des armées de Glaucias, et sujet de Pyrrhus.
CYNÉAS, confident de Pyrrhus.
ISMÈNE, confidente d'Éricie.
GARDES.
SUITE.

La scène est à Byzance, dans le palais de Lysimachus.

PYRRHUS,
TRAGÉDIE.

ACTE PREMIER.

SCÈNE I.

GLAUCIAS, seul.

Vous, à qui j'offre ici tant de vœux inutiles,
Dieux vengeurs des forfaits, protecteurs des asiles,
Que le soin de vous plaire et de vous imiter
Contre un roi généreux semble encore irriter;
Si les pleurs que j'oppose à vos décrets terribles,
Si ma juste douleur vous éprouve inflexibles,
Du moins ne laissez pas succomber ma vertu
Sous les divers transports dont je suis combattu.
Glaucias ne peut-il, sans cesser d'être père,
Soutenir de son rang l'auguste caractère ?
O mon fils ! cher espoir ! malheureux Illyrus !
Faut-il livrer ta tête, ou celle de Pyrrhus ?
Voici le jour fatal qui veut que je décide
Entre l'ami parjure et le père homicide.
Il ne m'est plus permis d'accorder dans mon cœur
Les droits de la nature avec ceux de l'honneur :

L'une attend tout de moi, ma foi doit tout à l'autre.
J'ai rempli mon devoir : dieux, remplissez le vôtre.
Vous fûtes les garants des serments que je fis ;
Sauvez-moi du parjure, ou me rendez mon fils.
Barbare Cassander, traître Néoptolème,
Est-ce à vous que je dois livrer la vertu même ?
Frappez, dieux tout-puissants : c'est assez protéger
Deux tyrans dont la foudre auroit dû me venger.
Laisserez-vous Pyrrhus, votre plus digne ouvrage,
En proie aux noirs projets de leur jalouse rage ?
Est-ce un crime pour lui que d'avoir mérité
De jouir comme vous de l'immortalité ?
Et n'est-ce point assez qu'une main parricide
Ait terminé les jours de l'illustre Æacide ?
Abandonnerez-vous son fils infortuné
Au malheur qui poursuit le sang dont il est né ?
Non, il ne mourra point ; le mien en vain l'ordonne.
Je dois tout à Pyrrhus, ma gloire, ma couronne,
Et la vie ; et, pour dire encor plus pour un roi,
Je lui dois d'un ami le secours et la foi :
Il ne l'éprouvera légère ni perfide.

SCÈNE II.

GLAUCIAS, ANDROCLIDE.

GLAUCIAS.

MAIS qu'est-ce que je vois ? N'est-ce point Androclide ?
Et que viens-tu chercher dans ces funestes lieux,
Près d'un roi le jouet du sort injurieux ?

ACTE I, SCÈNE II.

ANDROCLIDE.

Seigneur, un sort plus doux n'a pas servi le zèle
D'un sujet malheureux, et cependant fidèle,
Peu digne des honneurs dont il fut revêtu,
Capitaine sans gloire et soldat sans vertu,
Que l'Illyrie a vu de retraite en retraite
Mendier des secours garants de sa défaite,
Réduit à déclarer la honte et le malheur
D'un combat dont un autre a remporté l'honneur.
Cassander m'a vaincu : sa fureur et ma fuite
N'ont laissé qu'un bûcher dans l'Épire détruite.
Tout ce qu'avoit conquis la valeur d'Hélénus,
Tout ce que j'avois fait en faveur de Pyrrhus,
A suivi le succès d'une lâche victoire
Que le tyran obtint et poursuivit sans gloire ;
Et pour comble de maux, seigneur, je vous revoi
Parmi des ennemis sans honneur et sans foi.
Puis-je, sans succomber à ma frayeur extrême,
Voir le roi d'Illyrie avec Néoptolème ?

GLAUCIAS.

Calme le vain effroi dont ton cœur est saisi :
Un intérêt plus grand doit le toucher ici.
Mes pertes, mes périls, n'ont rien d'assez terrible
Pour un roi que l'honneur éprouve seul sensible.
Tu ne sais pas encor jusqu'où va mon malheur :
Apprends tout. Mais, avant que de t'ouvrir mon cœur,
Prends garde si quelqu'un ne pourroit nous entendre.
Pyrrhus avec le jour près de moi doit se rendre.
Le soleil va bientôt se montrer à nos yeux,
Et c'est Pyrrhus surtout que je crains en ces lieux.

PYRRHUS.

ANDROCLIDE.

Vous me parlez toujours d'un roi que je révère :
Vous savez à quel point je fus chéri du père.
Lorsque Néoptolème, armé contre ses jours,
Par un noir parricide en eut tranché le cours,
Vous savez que c'est moi qui, trompant le perfide,
Sauvai de sa fureur les enfants d'Æacide :
Je vous remis Pyrrhus encor dans le berceau,
Qui pour lui, sans vos soins, eût été son tombeau :
Pénétré des malheurs qui l'avoient poursuivie,
Vous jurâtes, seigneur, de défendre sa vie.
Mais, depuis que Pyrrhus est en votre pouvoir,
Il ne m'a pas été permis de le revoir;
Et c'est des immortels le seul bien que j'implore.

GLAUCIAS.

Tu l'as vu mille fois, tu vas le voir encore.
Tes yeux peuvent-ils bien se méprendre à Pyrrhus ?
Quoi ! tu peux méconnoître, en voyant Hélénus,
La majesté des traits du redoutable Achille,
Sa fierté, sa valeur, son courage indocile,
Un héros, en un mot, si digne de celui
Dont le nom seul encor fait trembler aujourd'hui ;
Qui n'a point démenti le sang qui l'a fait naître,
(Il en est digne autant qu'un mortel le peut être;)
Qui reçut dans son cœur, avec le sang des dieux,
Tout l'éclat des vertus que l'on adore en eux;
Qui fit à l'univers, dès l'âge le plus tendre,
Par un nouvel Achille oublier Alexandre !
Du nom de ses aïeux s'il n'est pas informé,
Son grand cœur se sent bien du sang qui l'a formé.

Il passe pour mon fils, et ma tendresse extrême
Redouble chaque jour pour cet autre moi-même.
Mais, hélas ! que lui sert ma funeste amitié,
Quand les dieux et le sort sont pour lui sans pitié ?

ANDROCLIDE.

J'ai toujours soupçonné, malgré votre silence,
Que Pyrrhus, en secret élevé dès l'enfance,
Sous le nom d'Hélénus cachoit dans votre fils
Le précieux dépôt que je vous ai remis.
Mais, seigneur, quel péril si pressant le menace,
Lui dont tout l'univers craint le bras et l'audace ?
Pyrrhus est-il de ceux pour qui l'on doit trembler ?

GLAUCIAS.

Le coup est cependant tout prêt à l'accabler.
Tu sais, lorsqu'Hélénus eut reconquis l'Épire
Qui fut de ses aïeux le légitime empire,
Que je te confiai le soin de conserver
Ces états qu'en secret j'avois fait soulever,
Et dont enfin je fis sortir Néoptolème.
Hélénus, n'écoutant que son ardeur extrême,
Poursuivit l'inhumain qui fuyoit devant lui.
Cassander le reçut, et devint son appui ;
Cassander, de tout temps ennemi d'Æacide,
Arma pour soutenir son ami parricide.
Mais ils crurent en vain arrêter le vainqueur :
Hélénus remplit tout de carnage et d'horreur,
Les atteignit enfin vers les murs d'Ambracie ;
Lieu fatal ! jour funeste au repos de ma vie !
Hélénus, plein d'ardeur et l'œil étincelant,
N'avoit jamais paru ni plus fier ni plus grand.

Mais, s'il fit voir alors Achille formidable,
Il ne nous fit pas voir Achille invulnérable :
Il fut blessé. Mon fils, jaloux de sa valeur,
Crut pouvoir par lui seul réparer ce malheur,
Et poursuivre sans crainte une sûre victoire,
Dont Hélénus devoit s'attribuer la gloire ;
Mais ce fut pour servir de triomphe au vainqueur :
Il fut défait et pris. Juge de ma douleur,
Quand je vis Illyrus tomber en la puissance
De ceux qu'au désespoir réduisoit ma vengeance.
A peine je rendis un reste de combat.
Hélénus languissoit, et manquoit au soldat,
Qui, l'ayant vu couvert de sang et de poussière,
Et croyant qu'il touchoit à son heure dernière,
Malgré mes vains efforts plia de toutes parts ;
Et je me crus enfin, après mille hasards,
Trop heureux de pouvoir regagner l'Illyrie,
Moi qui me préparois à conquérir l'Asie.

ANDROCLIDE.

L'état où j'ai trouvé votre peuple réduit
De ce cruel revers ne m'a que trop instruit.
Mais, quel que soit ici le sort qui le menace,
Vous pouvez d'Illyrus réparer la disgrace,
Seigneur : dès qu'Hélénus survit à ce malheur,
Quelle perte pourroit étonner votre cœur ?
Je ne vois point encor ce que vous devez craindre.

GLAUCIAS.

Écoute, et tu verras si mon sort est à plaindre.

ACTE I, SCÈNE II.

Néoptolème, enflé de ses heureux succès,
Prétend s'en assurer le fruit par une paix.
Il sait que Pyrrhus vit, et que j'en suis le maître;
Que son intérêt seul m'arme contre le traître :
Il m'a fait proposer de lui livrer Pyrrhus;
Qu'il mettoit à ce prix le salut d'Illyrus;
Mais que, pour épargner mon honneur et ma gloire,
Et ne me point souiller d'une action si noire
Qui décréditeroit et mon nom et ma foi,
Cet article seroit entre lui seul et moi.
Dans ce cruel séjour voilà ce qui m'amène.
Lysimachus, qui veut terminer notre haine,
S'est de lui-même offert pour garant du traité.
Néoptolème et moi nous l'avons accepté.
Tous deux depuis huit jours dans les murs de Byzance,
Nous nous sommes tous deux remis en sa puissance.
Enfin Lysimachus, garant de notre paix,
A de soldats sans nombre investi ce palais :
Nul n'en sauroit sortir sans un ordre suprême
Qui vienne de ma part, ou de Néoptolème
Qu'on laisse cependant disposer de mon fils.
Mais le barbare y met un trop indigne prix.
Il veut plus ; il prétend s'unir à ma famille :
Fier du penchant qu'il voit en mon fils pour sa fille,
Il prétend qu'elle soit le lien d'une paix
Qu'aux dépens de Pyrrhus on ne verra jamais.
Non, je ne puis souffrir qu'une si belle vie
Serre les nœuds sanglants de l'hymen d'Éricie :
Et ce même Pyrrhus met au rang de ses dieux
L'objet qui de son sang est le prix odieux.

ANDROCLIDE.

Pourquoi l'ameniez-vous en ce séjour funeste ?
Quels sont donc vos desseins ? et quel espoir vous reste ?

GLAUCIAS.

Que veux-tu que je fasse ? On me retient mon fils,
Et Pyrrhus a trop fait trembler mes ennemis.
Néoptolème a craint que, fier de mon absence,
Ce héros n'entreprît de surprendre Byzance ;
Enfin il a voulu qu'il me suivît ici.
Mais je mourrois plutôt.... Taisons-nous, le voici.
Garde-toi bien surtout de lui faire connoître
Quel péril le menace, et quel sang l'a fait naître.
Va, ne t'éloigne point de cet appartement.

SCÈNE III.

GLAUCIAS, HÉLÉNUS, CYNÉAS.

HÉLÉNUS, à Cynéas.

Allez, cher Cynéas ; laissez-nous un moment.

GLAUCIAS.

Approchez, Hélénus ; venez, fils magnanime,
Unique espoir d'un roi que le destin opprime.
Voici le jour cruel marqué par sa fureur
Pour éclairer ma honte ou me percer le cœur :
Il faut livrer Pyrrhus ou perdre votre frère,
Et je ne puis livrer qu'une tête bien chère.

HÉLÉNUS.

Je ne dois point parler en faveur de Pyrrhus,
Ni prononcer, seigneur, sur le sort d'Illyrus :

Je vois que tous les deux vous tiennent en balance,
Et je dois sur tous deux observer le silence.
L'un ne m'est pas connu, mais il a votre foi ;
L'autre doit m'être cher, mais doit être mon roi :
Et je ne puis servir ni perdre l'un ou l'autre,
Sans trahir mon honneur, ou sans blesser le vôtre ;
Sans me rendre, seigneur, suspect d'ambition,
Ou sans vous conseiller une indigne action.
Un roi né généreux, un père né sensible
Peut lui seul prononcer sur un choix si terrible.
Où l'honneur et le sang doivent seuls vous guider,
Où le père et l'ami doivent seuls décider.
Daignez me dispenser d'en dire davantage
Sur ces combats affreux où votre cœur s'engage.
Seigneur, dès qu'il s'agit de si grands intérêts,
Hélénus craint surtout les reproches secrets.
J'avoûrai cependant que ce Pyrrhus m'étonne :
Est-il digne des soins qu'un si grand roi se donne ?
Vous faites tout pour lui : que fait-il donc pour vous ?
Et quel déguisement le cache parmi nous ?
Peut-il être, en ces lieux, si voisin d'un perfide,
Sans le sacrifier aux mânes d'Æacide,
Sans faire pour mon frère un généreux effort ?
Un descendant d'Achille a-t-il peur de la mort ?

GLAUCIAS.

Mon fils, n'insultez point au malheur qui l'opprime :
Pyrrhus n'en est pas moins digne de notre estime.
Dans l'état où je suis, pourroit-il me venger
Sans mettre mon honneur et mes jours en danger ?

PYRRHUS.

Le fier Lysimachus nous tient tous pour otages.
Mais ma foi suffisoit sans ces précieux gages :
Mon ennemi lui-même ose s'y confier,
Sûr qu'à sa foi mon cœur sait tout sacrifier.
Adieu ; je vais revoir ce tyran que j'abhorre,
Le fléchir s'il se peut, ou le tenter encore.
Que n'offrirai-je point pour Pyrrhus et mon fils ?
Mon cœur pour les sauver ne connoît point de prix.

SCÈNE IV.

HÉLÉNUS, seul.

O roi trop vertueux ! un exemple si rare
Puisse-t-il désarmer un ennemi barbare,
Et servir de leçon aux rois peu généreux
A ne pas délaisser leurs amis malheureux !
Hélas ! que je vous plains et que je vous admire !
Sentiments de vertu que la pitié m'inspire,
Mon frère peut périr, mon frère est mon rival,
Ne vous devrois-je point à mon amour fatal ?
Ah ! n'est-ce point à lui que l'honneur sacrifie ?
Mon frère, ainsi que moi, brûle pour Éricie.
Prends garde qu'en ton cœur, trop sensible Hélénus,
Éricie aujourd'hui ne parle pour Pyrrhus :
Fais-toi d'autres vertus dont le choix légitime
N'offre point avec lui l'apparence du crime.
Quand du moindre intérêt le cœur est combattu,
Sa générosité n'est plus une vertu.
Mon frère est dans les fers d'un ennemi perfide,
Monstre nourri de sang, et de meurtres avide :

Voilà ce qui me doit parler pour Illyrus.
Laissons aux dieux le soin du malheureux Pyrrhus ;
Trop de pitié pour lui me touche et m'intéresse.
J'entends du bruit : on vient.

SCÈNE V.
HÉLÉNUS, ÉRICIE, ISMÈNE.

HÉLÉNUS.

O CIEL ! c'est la princesse.
(à Éricie.)
Madame, eh ! quel bonheur vous présente à mes yeux,
Lorsqu'à peine le jour vient d'éclairer ces lieux ?
Puisse cet heureux jour confirmer l'avantage
Que me fait espérer un si charmant présage !

ÉRICIE.

S'il dépendoit de moi de le rendre plus doux,
Seigneur, bientôt la paix règneroit entre nous.
J'allois offrir aux dieux les vœux les plus sincères,
Les prier de fléchir la haine de nos pères.

HÉLÉNUS.

Le vôtre avec la paix offre ici votre main ;
Mais, hélas ! qu'il en fait un présent inhumain !
Juste ciel ! se peut-il que d'un objet si rare
Une aveugle fureur fasse un présent barbare,
Et que ce même hymen qui combleroit nos vœux
Soit devenu le prix du sang d'un malheureux ?

ÉRICIE.

Seigneur, de ce présent j'ignore le mystère,
Et ne me charge point des secrets de mon père.

Mais, s'il faut sans détour s'expliquer avec vous,
La paix n'est pas l'objet de vos vœux les plus doux :
Votre cœur, élevé dans le sein des alarmes,
N'interrompt qu'à regret le tumulte des armes ;
Le sang, les cris, les pleurs, cent peuples gémissants,
Voilà pour vos pareils les objets ravissants.
Votre nom n'a-t-il pas assez rempli la terre ?
Qu'a-t-il besoin encor des horreurs de la guerre ?
Mon père offre la paix, votre frère y consent ;
Elle trouve en vous seul un obstacle puissant :
Votre haine pour nous éclate en ma présence,
Sans daigner un moment se contraindre au silence.
Je vois qu'en vain mon père espéroit aujourd'hui
Vous trouver pour la paix de concert avec lui :
Ne me déguisez point ce qu'il en doit attendre ;
Du moins accordez-lui la grace de l'entendre.
Ce prince vous demande un moment d'entretien ;
J'ose vous en prier.... Vous ne répondez rien,
Seigneur ; vous frémissez au seul nom de mon père !
Ah ! je n'exigeois pas un aveu plus sincère.

HÉLÉNUS.

D'un reproche cruel accablez moins mon cœur,
Madame ; je sens trop à qui j'en dois l'aigreur.
Je vois que pour la paix le vôtre s'intéresse,
Et je crois entrevoir le motif qui le presse.
Illyrus, avec vous de concert pour la paix,
A remis en vos mains de si chers intérêts :
Mais la guerre pour moi peut seule avoir des charmes,
Et je ne me nourris que de sang et de larmes ;

Je suis un furieux que rien ne peut toucher.
Ah! madame, est-ce à vous de me le reprocher?
Si j'étois moins suspect de traverser mon frère,
Vous m'accuseriez moins de haïr votre père.
Je ne vous nirai pas que peut-être sans vous
Rien n'eût pu le soustraire à mon juste courroux;
Que ce même palais, notre commun asile,
N'auroit été pour lui qu'un rempart inutile :
Mais peut-il avec vous craindre des ennemis?
Les plus fiers ne sont pas ici les moins soumis.
Les cœurs nourris de sang et de projets terribles
N'ont pas toujours été les cœurs les moins sensibles.
Le mien éprouve enfin que les plus grands hasards
Ne se trouvent pas tous sur les traces de Mars.
Dès mes plus jeunes ans enchaîné par la gloire,
Je n'ai connu d'autels que ceux de la victoire;
Mais vous m'avez appris qu'il n'étoit point de cœur
Qui ne dût à la fin redouter un vainqueur.

ÉRICIE.

A cet aveu si prompt j'ai dû si peu m'attendre,
Que l'étonnement seul m'a forcée à l'entendre.
Mon père est en ces lieux, seigneur : c'est avec lui
Qu'il falloit sur ce point s'expliquer aujourd'hui.
Je sais pour vos vertus jusqu'où va son estime,
Et la mienne jamais ne fut plus légitime.
Ainsi, loin d'affecter cet orgueil éclatant
Dont la fierté s'honore et le cœur se repent,
J'avoûrai sans détour que j'ai craint votre haine,
Et ne vous ai point vu notre ennemi sans peine,

Vous qui nous apprenez par cent faits glorieux
Qu'on peut voir des mortels aussi grands que les dieux,
Tels enfin qu'à l'amour un grand cœur inflexible
Pourroit les souhaiter pour devenir sensible.
Mais, malgré cet aveu que j'ai cru vous devoir,
L'estime est le seul bien qui soit en mon pouvoir.
Si votre amour ne peut se soumettre au silence,
Songez qu'il doit ailleurs porter sa confidence.
Mon père veut vous voir : quels que soient ses desseins,
Vous savez peu fléchir, seigneur, et je vous crains.
Daignez vous souvenir que ce prince est mon père ;
Qu'il m'est cher encor plus que je ne lui suis chère ;
Que jamais de son rang on ne fut plus jaloux.
Tout dépend de l'accueil qu'il recevra de vous.
Je crois après ce mot n'avoir rien à vous dire :
J'en ai même trop dit s'il ne peut vous suffire.

SCÈNE VI.

HÉLÉNUS, seul.

O ciel ! en quel état me trouvé-je réduit !
Cher espoir d'un amour qui m'avoit trop séduit,
Vous m'offrez vainement la princesse que j'aime ;
Mon cœur oublira tout devant Néoptolème.
Qui ? lui m'entretenir ! Et que veut-il de moi ?
Je ne sentis jamais tant d'horreur ni d'effroi.
J'abhorre ce tyran ; et son aspect farouche
L'emporte dans mon cœur sur l'amour qui le touche.
N'importe, il faut le voir : n'allons point en un jour
Hasarder le succès d'un malheureux amour.

ACTE I, SCÈNE VI.

Quels que soient les transports dont mon ame est saisie,
Je sens que les plus grands sont tous pour Éricie.
Mais Illyrus paroît; sortons.

SCÈNE VII.
ILLYRUS, HÉLÉNUS, GARDES.

ILLYRUS.

PRINCE, un moment;
J'ai besoin avec vous d'un éclaircissement.
(à ses gardes.)
Gardes, éloignez-vous. Répondez-moi, mon frère :
Puis-je avec vous ici m'expliquer sans mystère ?

HÉLÉNUS.

Oui, seigneur; vous pouvez parler en liberté.

ILLYRUS.

Calmez donc les soupçons dont je suis agité.
Avec empressement vous cherchez Éricie,
Et je ne puis souffrir vos soins sans jalousie.
Vous savez que je l'aime, et vous n'ignorez pas
Que l'hymen à mon sort doit unir tant d'appas.
Avec elle en ces lieux que faisiez-vous encore ?
Parlez.

HÉLÉNUS.

Je lui disois, seigneur, que je l'adore.

ILLYRUS.

Hélénus, songez-vous que vous parlez à moi,
Et qu'Illyrus un jour doit être votre roi ?

HÉLÉNUS.

Je vous obéirai quand vous serez mon maître,
Si le destin m'abaisse au point d'en reconnoître :

Jusque-là mon amour craint peu votre pouvoir.
Je sais jusqu'où s'étend la règle du devoir ;
Mais j'ignore, seigneur, ces tristes sacrifices
Qui font gémir un cœur en d'éternels supplices.
Le mien, qui ne connoît ni crainte ni détour,
Regarde d'un même œil et la guerre et l'amour.
Sans le péril affreux dont le sort vous menace,
Vous verriez sur ce point jusqu'où va mon audace.
Mais Hélénus, sensible autant que généreux,
N'a jamais su, seigneur, braver les malheureux.
Si l'amour vous livroit le cœur de la princesse,
Ma fierté suffiroit pour bannir ma tendresse :
Mais si l'amour aussi daigne me l'accorder,
Jusqu'au dernier soupir je saurai le garder.
Adieu, seigneur.

SCÈNE VIII.

ILLYRUS, Gardes.

ILLYRUS.

Ingrat ! d'un orgueil qui m'offense
Je te ferai sentir jusqu'où va l'impuissance.
Illyrus, tu le vois, ce n'est plus un secret,
On ose t'avouer un amour indiscret ;
Et l'on te brave encore ! Ah ! ma perte est jurée,
Mon rival m'a fait voir qu'elle étoit assurée ;
Glaucias abandonne un fils infortuné,
Qu'on ne braveroit pas s'il n'étoit condamné.
On me voit dans les fers avec indifférence ;
On n'a pour mon rival que de la déférence :

Glaucias à mes yeux le nomme son appui ;
C'est son dieu tutélaire, enfin c'est tout pour lui.
Cependant, si j'en crois ma juste défiance,
Mon père a de ce fils supposé la naissance.
Le mystère profond qu'il me fait de Pyrrhus,
Un respect qu'il ne peut cacher pour Hélénus,
Et sur ce point, malgré sa prévoyance extrême,
Quelques mots échappés à Glaucias lui-même,
N'éclaircissent que trop ses funestes secrets.
Hélénus, tu n'es pas ce que tu nous parois.
Je vois que c'est à toi que l'on me sacrifie,
Et je pourrois d'un mot mettre au hasard ta vie :
Mais un trait si perfide est indigne de moi,
Et je veux être encor plus généreux que toi.
Puisqu'on me l'a permis, allons trouver mon père ;
De ses délais enfin je perce le mystère :
Mais, sans nous prévaloir de son secret fatal,
Montrons-nous aujourd'hui plus grand que mon rival ;
Humilions son cœur en lui faisant connoître
Des sentiments d'honneur qu'il n'auroit pas peut-être.

FIN DU PREMIER ACTE.

ACTE SECOND.

SCÈNE I.

NÉOPTOLÈME, ÉRICIE.

NÉOPTOLÈME.

Vous ne m'apprenez rien de cette vive ardeur,
Que je n'eusse déjà pénétré dans son cœur.
Je n'ai vu qu'une fois ce guerrier invincible,
Qu'on dit partout ailleurs si fier et si terrible,
Mais à votre aspect seul, ma fille, aussi soumis
Qu'il paroît redoutable à tous ses ennemis.
Ainsi, sur cet amour, que je prévois sincère,
Je vais vous découvrir mon ame tout entière.
Je règne ; mais combien m'a coûté ce haut rang !
Et qu'est-ce enfin qu'un sceptre encor souillé de sang ?
Prétexte à mes sujets de recourir aux armes,
Source pour moi d'ennuis, de remords et d'alarmes.
Illyrus est vaillant, mais il n'est que soldat,
Et la seule valeur défend mal un état ;
Héritier d'un grand roi, trop puissant, qui peut-être,
Au lieu d'un défenseur, me donneroit un maître.
J'ai besoin d'un héros qui, tenant tout de moi,
Trouve en mes intérêts de quoi veiller pour soi.

Hélénus, à la fois soldat et capitaine,
N'attend que du destin la grandeur souveraine.
En l'unissant à vous par un sacré lien,
Je m'en fais pour moi-même un éternel soutien.
Il est né généreux, et sa reconnoissance
Ne m'envîra jamais la suprême puissance.
Voilà le successeur que je me suis choisi,
Et c'est pour l'en presser que je l'attends ici.
D'ailleurs, qui mieux que lui peut engager son père
A sacrifier tout à ma juste colère ?
Chéri de Glaucias, c'est le seul Hélénus
Qui pourra le forcer à me livrer Pyrrhus.

ÉRICIE.

Seigneur, sur ses projets qu'un grand roi lui confie
Daignera-t-il entendre un moment Éricie ?
Je n'examine point quel sera mon époux :
Son choix, vous le savez, ne dépend que de vous :
Ainsi j'obéirai. Ce qui me reste à dire,
C'est votre gloire ici qui seule me l'inspire.
D'un cœur rempli pour vous d'amour et de respect,
Quel sentiment, seigneur, pourroit être suspect ?
Souffrez que, m'élevant jusqu'à Néoptolème,
J'aille sans l'offenser le chercher dans lui-même.
C'est l'univers entier qui parle par ma voix,
J'ose l'interpréter pour la première fois.
Vous vous êtes vengé : le meurtre d'Æacide,
Pour tout autre qu'un roi, seroit un parricide ;
Mais, si vous répandez le reste infortuné
De ce sang que les dieux vous ont abandonné,

Les intérêts d'état, le trône et ses maximes,
La politique enfin, voile de tant de crimes,
Ne seront désormais que de foibles garants
Pour vous sauver des noms qu'on prodigue aux tyrans.
Quand même à vos désirs son fils pourroit souscrire,
Glaucias voudra-t-il qu'il règne sur l'Épire ;
Que du sang de Pyrrhus il achète ma main,
D'un sang que deux grands rois redemandent en vain ;
Lui qui, pour conserver une tête si chère,
Semble avoir étouffé les sentiments d'un père ?
Si vous vous attachez le grand cœur d'Hélénus,
Que peut vous importer le trépas de Pyrrhus ?
Laissez vivre, seigneur, un prince dont la vie
D'aucun malheur pour vous ne peut être suivie.
Æacide, ennemi des princes de son sang,
Vous força malgré vous de lui percer le flanc.
Si sa mort fut pour vous un crime involontaire,
Que son inimitié vous rendit nécessaire,
Le salut de son fils, qui peut seul l'expier,
Plus nécessaire encor, doit vous justifier.
Et vous vous attachez à la seule victime
Qui pouvoit expier ou consommer le crime !

NÉOPTOLÈME.

Tant que Pyrrhus vivra, mes sujets ennemis,
A ce funeste nom, se croiront tout permis ;
Et le fier Hélénus, fût-il plus grand encore,
Ne me sauveroit point d'un peuple qui m'abhorre.
Les dieux, en me livrant le superbe Illyrus,
Ont prononcé l'arrêt du malheureux Pyrrhus :

ACTE II, SCÈNE I.

Il m'a trop fait trembler, il est temps qu'il périsse.
Glaucias m'en refuse en vain le sacrifice :
Je ne peux qu'à ce prix arrêter ses projets,
Et fixer entre nous une constante paix.
Son cœur en gémira ; mais votre hymen, ma fille,
Unissant pour jamais l'une et l'autre famille,
Calmera la douleur d'un roi trop généreux
Qui peut par cet hymen rendre Hélénus heureux.
Que Glaucias y soit favorable ou contraire,
Du trépas de Pyrrhus rien ne peut me distraire.
Que l'univers alors éclate contre moi :
Un crime nécessaire est pour nous une loi.
Voulez-vous qu'écoutant un discours téméraire
J'asservisse le sceptre aux erreurs du vulgaire ?
Heureux qu'à notre égard son imbécillité
Nous assure du moins de sa docilité !
A tout ce qui nous plaît c'est à lui de souscrire.
Dès que sans le troubler il nous laisse l'empire,
Laissons-lui des discours dont il est si jaloux.
Ce qui fait ses vertus seroit vice pour nous.
Le peuple, en ce qui flatte ou choque sa manie,
Trouve de la justice ou de la tyrannie.
Nous ne nous réglons point au gré de ses erreurs.
Les dieux ont leur justice, et le trône a ses mœurs.
Mais Glaucias paroît. Ma fille, allez m'attendre.
Quel dessein le conduit ? et que vient-il m'apprendre ?

SCÈNE II.

GLAUCIAS, NÉOPTOLÈME.

GLAUCIAS.

Seigneur, vous triomphez : Androclide est défait.
Je ne sais si sa honte est pour vous un secret ;
Mais sous vos lois l'Épire est désormais réduite :
Cassander l'a soumise, ou plutôt l'a détruite.
Je ne vous cache point les pertes que je fais,
Et je vous viens moi-même annoncer vos succès.
Le destin vous élève, et le ciel m'humilie :
J'ai commandé long-temps, aujourd'hui je supplie.
Voyons l'usage enfin qu'en nos succès divers
Vous ferez du triomphe, et moi de mes revers.
L'infortuné Pyrrhus n'est plus pour vous à craindre ;
Sans être trop humain, je crois qu'on peut le plaindre :
La pitié sur ce point, dans un cœur irrité,
N'a pas même besoin de générosité.
J'ai protégé sans fruit ce prince déplorable :
Tout s'arme contre lui, tout vous est favorable ;
Mais vous connoissez trop ma constance et ma foi,
Pour croire que le sort soit au-dessus de moi.
Je ne vous parle point d'une vaste puissance
Qui vous fit si long-temps éprouver ma vengeance :
A peine votre cœur se seroit satisfait,
Que vous savez assez quel en seroit l'effet.
Régnez donc, puisqu'ainsi le destin en ordonne :
Sans remords et sans droit gardez une couronne

ACTE II, SCÈNE II.

Qu'un autre nommeroit le prix de vos forfaits,
Que je vais cependant consacrer par la paix.
Je rends à Cassander la Macédoine entière :
Tout ce que j'ai conquis sera votre frontière :
Je n'armerai jamais en faveur de Pyrrhus,
Et je consens enfin à l'hymen d'Illyrus.
Je fais plus : je promets, seigneur, que votre vie
Jamais de mon aveu ne sera poursuivie ;
Qu'à Pyrrhus je tairai son nom et ses aïeux :
J'en jure par ce fer, j'en jure par les dieux.
J'ai tout dit : répondez.

NÉOPTOLÈME.

Où donc est l'avantage
D'une paix dont Pyrrhus ne seroit point le gage ?
Il est vrai que mon sort, seigneur, a bien changé ;
Mais, pour vous craindre moins, en suis-je plus vengé ?
L'Épire en sera-t-elle à mes lois plus soumise,
Mes jours plus à couvert d'une lâche entreprise ?
Si Pyrrhus se connoît, pourra-t-il oublier
Que son père fut roi, qu'il eut un meurtrier,
Qu'il vit, et qu'entre nous un coup irréparable
Doit opposer sans cesse un vengeur au coupable ?
Malgré les nœuds du sang dont nous sortions tous deux,
Il fallut m'immoler un roi trop soupçonneux ;
Je ne m'en cache point : si c'est un parricide,
On ne doit l'imputer qu'aux rigueurs d'Æacide.
Son trône, après sa mort, étoit le seul abri
Que je pusse choisir à mon honneur flétri :
Je ne vis qu'un bandeau qui pût sauver ma tête.
La force en fit le droit, un meurtre la conquête,

PYRRHUS.

Il est vrai : mais combien de trônes sont remplis
Par les usurpateurs qui s'y sont établis !
Votre aïeul en fut un ; j'en nommerois mille autres
Qui n'eurent pour régner d'autres droits que les nôtres.
Quoi qu'il en soit, seigneur, je demande Pyrrhus,
Et ne peux qu'à ce prix relâcher Illyrus.
De vos soins vertueux outrez moins la chimère,
Et ressouvenez-vous que vous êtes son père ;
Que s'il périt, c'est vous qui le voulez ainsi ;
Que c'est vous plus que moi qui l'immolez ici ;
Enfin, que c'est vous seul qui m'imposez un crime
Que la nécessité va rendre légitime.
Vous m'entendez, seigneur : adieu. Point de traités,
Si du sang de Pyrrhus vous ne les cimentez.

GLAUCIAS.

Ah ! cruel, arrêtez : puisqu'il vous faut un gage,
Si c'est peu de ma foi, prenez-moi pour otage ;
Je suis prêt à vous suivre en ces mêmes climats
Où j'ai porté cent fois la flamme et le trépas.
Si ce n'est pas assez de vous céder un trône,
Prenez encor le mien, et je vous l'abandonne ;
Mais ne réduisez point un prince vertueux
A trahir en Pyrrhus son honneur et ses dieux.
Quand je reçus ce prince échappé de vos armes,
Son berceau fut long-temps arrosé de mes larmes.
Je regardai Pyrrhus comme un présent divin
Que le ciel m'ordonnoit de cacher dans mon sein.
Enfin, Pyrrhus m'est plus que si j'étois son père :
Je répondrois aux dieux d'une tête si chère.

Les serments les plus saints ont répondu de moi,
Et je mourrois plutôt que de trahir ma foi.
Il n'est fils ni sujets que je ne sacrifie
Au soin de conserver sa déplorable vie.

NÉOPTOLÈME.

Hé bien ! vous pouvez donc au sortir de ce lieu
Aller dire à ce fils un éternel adieu.

GLAUCIAS.

Pour dérober ce fils à ta main meurtrière,
Je me suis abaissé jusques à la prière ;
Mais c'est trop honorer un lâche tel que toi,
Que de lui témoigner le plus léger effroi.
Je brave ta fureur, si tu braves ma plainte.
Un monstre doit causer plus d'horreur que de crainte.
Délivre ou perds mon fils, je le laisse à ton choix,
Et je cours l'embrasser pour la dernière fois.
Oui, barbare, je vole à cet adieu funeste :
Mais toi, tremble en songeant au vengeur qui me reste.

SCÈNE III.

NÉOPTOLÈME, seul.

DANS quel étonnement laisse-t-il mes esprits !
Peut-on jusqu'à ce point abandonner un fils ?
Est-ce férocité, vertu, devoir, courage ?
De quel nom appeler ce bizarre assemblage ?
Quel oubli de soi-même ! et quel mélange affreux
De père sans tendresse et d'ami généreux !

Dépouille-t-on ainsi les entrailles de père ?
Quelles sauvages mœurs ! ou plutôt quel mystère !
Je l'ai trop admiré sur sa fausse vertu :
De soins bien différents un père est combattu.
Glaucias m'abusoit ; et son indifférence
Pour un fils sur qui va retomber ma vengeance
Me fait voir où mon bras doit adresser ses coups ;
Je reconnois enfin l'objet de mon courroux,
Il est entre mes mains : le prince d'Illyrie
N'est autre que Pyrrhus que l'on me sacrifie.
Puis-je en douter encor ?

SCÈNE IV.

HÉLÉNUS, NÉOPTOLÈME.

NÉOPTOLÈME, à part.

Mais je vois Hélénus.
J'éclaircirai bientôt mes soupçons sur Pyrrhus.
(à Hélénus.)
Héros dont les exploits font revivre Alexandre,
Ou plutôt qui semblez renaître de sa cendre ;
Qui, jeune encore, osez faire voir aux humains
Qu'on peut même prétendre à de plus hauts destins ;
Souffrez qu'un ennemi sorti du sang d'Achille,
Sang qui n'offrit jamais un hommage servile,
S'acquitte cependant des innocents tributs
Que tout cœur généreux doit rendre à vos vertus.
Le mien, quoiqu'irrité d'une guerre inhumaine,
Vous partagea long-temps son estime et sa haine :

Mais l'estime eut toujours de quoi la surpasser;
Et ce que l'une a fait, l'autre veut l'effacer.
J'ai proposé la paix, et la main d'Éricie;
Je l'ai moi-même offerte au prince d'Illyrie.
Pouvois-je présumer que ses foibles attraits,
D'un triomphe plus beau comblant tous mes souhaits,
Subjugueroient, seigneur, un guerrier intrépide
Qui de nouveaux lauriers paroît toujours avide?
C'est à lui que je parle, et je n'ai pas besoin
De rappeler ses traits et son nom de plus loin.
Daignez me confirmer un amour qui me flatte.
Les moments nous sont chers; que cet amour éclate,
Seigneur : c'est un aveu que j'exige de vous,
Et je n'en puis entendre un qui me soit plus doux.

HÉLÉNUS.

Les charmes d'Éricie, et tout ce qu'elle inspire,
En disent plus, seigneur, que je n'en pourrois dire;
Heureux si les vertus dont vous m'avez flatté
Lui paroissoient d'un prix digne de sa beauté!
Il est vrai que je l'aime, et n'en fais point mystère;
J'ai cru même devoir l'avouer à mon frère :
Mais Glaucias l'ignore, et du don de ma foi
Je ne puis disposer sans l'aveu de mon roi.
Mon cœur, indépendant du pouvoir arbitraire,
Se livre sans contrainte à ce qui peut lui plaire;
Mais cette liberté n'étend pas son pouvoir
Jusqu'à braver les lois d'un trop juste devoir.
Je fais gloire du mien, et jamais pour un père
Amour ne fut plus grand, ni respect plus sincère;

PYRRHUS.

Mais c'est moins en sujet que je lui suis soumis,
Que par des sentiments qui sont plus que d'un fils.

NÉOPTOLÈME.

S'il est vrai qu'Hélénus brûle pour Éricie,
Prince, je réponds d'elle et du roi d'Illyrie.
Glaucias vous chérit, et verra sans regret
Le choix que mon estime et votre amour ont fait.
Quel successeur plus grand et plus digne d'Achille
Pouvois-je présenter à l'Épire indocile ?
Qu'il m'est doux de pouvoir, en couronnant vos feux,
Rendre à la fois ma fille et mes sujets heureux !

HÉLÉNUS.

Cessez de vous flatter d'une espérance vaine:
Glaucias à la paix peut immoler sa haine,
Mais ne souffrira point que je sois possesseur
D'un trône dont Pyrrhus est le seul successeur.
Nos malheurs, il est vrai, vous en ont rendu maître,
Et tant que vous vivrez vous pourrez toujours l'être :
Je doute cependant qu'on vous laisse jamais
Le droit d'en disposer au gré de vos souhaits.
Mon hymen, ou celui du prince d'Illyrie,
Pourra vous garantir et le sceptre et la vie ;
Mais Pyrrhus, après vous reprenant tous ses droits,
A l'Épire, seigneur, doit seul donner des lois.
Qui peut lui disputer alors ce diadème ?
Et, malgré mon amour, savez-vous si moi-même
Je pourrois consentir à l'en voir dépouiller,
Et d'un trône usurpé ma gloire se souiller ?

NÉOPTOLÈME.

Et quel est donc le but de la paix qu'on demande,
S'il faut que de Pyrrhus ma couronne dépende?
Je n'aurai donc vaincu que pour être soumis,
Et que pour voir sur moi régner mes ennemis;
Que pour voir un hymen qui dépouille ma fille,
Comme une grace encor qu'on fait à ma famille !
Le sort, en remettant la victoire en nos mains,
Nous a fait concevoir de plus nobles desseins.

HÉLÉNUS.

Oui, vous avez vaincu; mais l'honneur et la gloire
Ne suivent pas toujours le char de la victoire :
Il en est qu'on ne doit imputer qu'au hasard.
La vôtre est de ce rang : le sort vous en fit part,
Et l'arracha des mains d'un ennemi terrible,
Dont vous n'aviez pas cru la défaite possible.
Si mon sang répandu vous a fait triompher,
Ce n'est pas vous du moins qui le fîtes couler.
Le sort à mes pareils peut garder un outrage;
Mais l'on n'obtient sur eux de parfait avantage
Qu'on ne les ait privés de la clarté du jour,
Où l'on n'en peut trop craindre un funeste retour.
Seigneur, je vous ai dit que j'aimois la princesse;
Ses charmes peuvent seuls égaler ma tendresse :
Mais je n'ai désiré que son cœur et sa main.
Ma valeur peut lui faire un assez haut destin,
Sans que j'aille à Pyrrhus ravir un diadème
Qui déshonoreroit votre fille elle-même.
Pour vous, qui vous osez déclarer mon vainqueur,
Montrez des sentiments dignes de tant d'honneur.

NÉOPTOLÈME.

Je vois bien qu'il est temps que je me fasse entendre,
Et que vous sachiez, vous, ce que j'ose prétendre.
Je ne sais de quel prix Éricie est pour vous;
Mais, si de l'obtenir votre amour est jaloux,
Si sa main est un bien qui vous semble si rare,
Il faut qu'à me servir votre cœur se prépare.
Je demande Pyrrhus; ma fille est à ce prix :
Tout autre n'est pour moi que refus ou mépris.
Voilà ce que de vous exige ma vengeance.
Vous, qui sur Glaucias avez tant de puissance,
Portez-le dès ce jour à remplir mes souhaits,
Ou déterminez-vous à ne nous voir jamais.

HÉLÉNUS.

Vous-même eussiez en vain tenté cette entrevue
Sans les soins d'Éricie, à qui seule elle est due :
Mais sur cet entretien si l'on m'eût pressenti,
Un mépris éternel m'en auroit garanti.
Barbare ! voilà donc le fruit de votre estime,
Un hymen qui pour dot m'apporteroit un crime !
Dès qu'il faut s'allier à vous par un forfait,
Gardez à Cassander ce funeste bienfait,
Et ne vous vantez plus d'être du sang d'Achille.
Ce sang, qui fut toujours en héros si fertile,
Ne pourroit inspirer des sentiments si bas.
Vous en êtes souillé, mais vous n'en sortez pas.
Si je pouvois penser que la jeune Éricie
Eût reçu vos penchants de vous avec la vie,
Ce ne seroit pour moi qu'un objet plein d'horreur.
Cruel ! si vous voulez lui conserver mon cœur,

Déguisez mieux du moins cet affreux caractère
Qui me feroit rougir de vous nommer mon père ;
Montrez-moi des vertus qui vous fassent aimer,
Et qui dans mon amour puissent me confirmer.
Ce n'est pas votre rang, c'est la vertu que j'aime :
Sans elle, vous m'offrez en vain un diadème.
Dussiez-vous m'élever à des honneurs divins,
Je vous préfèrerois le plus vil des humains.
Je me vois à regret forcé de vous confondre ;
Mais vous deviez prévoir ce que j'ai dû répondre.

NÉOPTOLÈME.

Hé bien ! prince, suivez ces transports généreux ;
Mais ressouvenez-vous que pour vous rendre heureux
J'ai voulu pénétrer jusqu'au fond de votre ame,
Et voir ce que pour nous oseroit votre flamme :
Car sans votre secours je serai satisfait.
Vous m'avez de Pyrrhus fait en vain un secret ;
Il est en mon pouvoir : c'est Illyrus lui-même,
Que son triste destin livre à Néoptolème.

HÉLÉNUS.

Qui ? lui Pyrrhus, seigneur ! Mais non, pensez-y bien....

NÉOPTOLÈME.

Adieu : vous-même ici pesez notre entretien.
Je n'oublîrai jamais un refus qui me blesse,
Et j'en vais de ce pas instruire la princesse.

SCÈNE V.

HÉLÉNUS, seul.

Ah ! tyran, de quel trait viens-tu frapper mon cœur !
Vertu, dont les transports me coûtent mon bonheur,

Pour le prix de t'avoir sacrifié ma flamme,
Sauve-moi des regrets qui déchirent mon ame;
Tourne vers mon rival mes soins et ma pitié,
Et ranime pour lui ma première amitié.
Illyrus est Pyrrhus ! Mais d'où vient que mon père
M'en a fait si long-temps un barbare mystère?
M'auroit-il soupçonné d'être moins généreux,
Et moins touché que lui du sort d'un malheureux?
Hélas ! quoi qu'il ait fait pour défendre sa vie,
Tout ce qu'il a perdu valoit-il Éricie?
C'est Pyrrhus qui me l'ôte, et par un sort fatal
Je suis réduit encore à pleurer mon rival !
Allons trouver mon père, et cessons de nous plaindre;
Étouffons sans regret des feux qu'il faut éteindre :
Voilà des ennemis dignes de mon courroux.
Le triomphe du moins en est beau, s'il n'est doux.
Héros qui pour tout bien recherchez la victoire,
Qu'un peu de sang perdu couvrit souvent de gloire,
Pour en savoir le prix, c'est peu d'être guerrier;
Il faut avoir un cœur à lui sacrifier.

FIN DU SECOND ACTE.

ACTE TROISIÈME.

SCÈNE I.

ÉRICIE, ISMÈNE.

ÉRICIE.

Tu combats vainement mon désespoir funeste :
La plainte, chère Ismène, est tout ce qui me reste.
Laisse-moi le seul bien des cœurs infortunés
Que sous d'indignes fers l'amour tient enchaînés.
Lieux témoins de ma honte, et d'un perfide hommage
Payé de tout mon cœur, et suivi d'un outrage ;
Lieux où j'ai cru soumettre un héros à mes lois,
Hélas ! je vous vois donc pour la dernière fois !
Pardonne ces transports à mon ame éperdue :
On me méprise, Ismène, et la paix est rompue.
Nous reverrons bientôt, l'acier cruel en main,
Fondre dans nos états un guerrier inhumain ;
Et pour comble de maux il faut partir, Ismène,
Sans pouvoir contre lui faire éclater ma haine :
Je fais pour le trouver des souhaits superflus.
Inutiles transports ! je ne reverrai plus
Ce cruel Hélénus que ma raison abhorre,
Que ma gloire déteste, et que mon cœur adore....

SCÈNE II.

HÉLÉNUS, ÉRICIE, ISMÈNE.

ÉRICIE.

Ismène, je le vois. Ah ! mortelles douleurs !
Je succombe, et n'ai plus que l'usage des pleurs.
Fuyons ; n'exposons point au mépris d'un barbare
Les foiblesses d'un cœur où la raison s'égare.

HÉLÉNUS.

Près de voir succéder, peut-être pour jamais,
Les horreurs de la guerre aux douceurs de la paix,
Dans ce triste moment où votre ame irritée
Contre un infortuné n'est que trop excitée,
M'est-il encor permis d'offrir à vos beaux yeux
Un amant qui ne peut que vous être odieux ?
Si je ne vous croyois généreuse, équitable,
Madame, je craindrois de paroître coupable ;
Mais que peut craindre un cœur qui remplit son devoir ?
Et qu'ai-je à redouter que de ne vous plus voir ?
Je ne vous dirai point que je vous aime encore :
Malgré ce que j'ai fait, mon ame vous adore.
Mes refus m'ont privé de l'espoir le plus doux,
Mais n'ont point étouffé ma tendresse pour vous.
D'un rigoureux honneur déplorable victime,
Tendre amant sans foiblesse, et coupable sans crime,
D'un vertueux effort touché sans repentir,
Mon cœur sent cependant tout ce qu'il peut sentir ;
Et si, pour exciter le vôtre à la vengeance,
Ma générosité lui parut une offense,

ACTE III, SCÈNE II.

S'il a pu souhaiter de me voir malheureux,
Non, jamais le destin n'a mieux rempli vos vœux.
ÉRICIE.
Que parlez-vous ici de haine et de vengeance?
Non, ne redoutez rien de mon indifférence.
Quel désespoir éclate? ou que soupçonnez-vous,
Pour oser vous flatter d'un instant de courroux?
Cessez de vous troubler d'une frayeur si vaine :
C'est supposer l'amour que de craindre la haine;
Mais jusque-là mon cœur ne sait point s'enflammer.
C'est aux amants chéris, seigneur, à s'alarmer.
HÉLÉNUS.
Je sais que je dois peu ressentir leurs alarmes.
Je craignois d'avoir fait une injure à vos charmes;
Mais au ressentiment si mon cœur s'est mépris,
C'est qu'il se crut toujours au dessus du mépris.
Ce n'est pas se flatter que de craindre, madame.
Jamais un faux orgueil n'a corrompu mon ame :
La vertu seule y mit une noble fierté,
Que l'amour laisse agir, même avec dignité;
Qui n'a fait aujourd'hui que ce qu'elle a dû faire.
Heureux d'être un objet peu digne de colère,
Qui, n'osant me flatter de l'honneur d'être aimé,
Crois mériter du moins celui d'être estimé !
Madame, je vois trop qu'un récit peu fidèle
M'a fait de mon devoir une lâche querelle;
Mais si votre courroux vous paroît trop pour moi,
Songez qu'ici le mien doit causer de l'effroi.
Ceux qui de mes refus ont noirci l'innocence
En recevroient bientôt la juste récompense,

PYRRHUS.

Si mon amour pour vous ne daignoit retenir
Un bras qui n'est souvent que trop prompt à punir.
Malgré tous vos mépris, je sens que je vous aime;
Mais je n'ai jamais tant haï Néoptolème.
Si jamais votre cœur a pu trembler pour lui,
Dans les murs de Byzance arrêtez-le aujourd'hui.
Je souscris à la paix; qu'on me rende mon frère :
Osez le demander vous-même à votre père;
Prévenez sur ce point un amant furieux
Qui, hors vous, n'aura rien de sacré dans ces lieux.

ÉRICIE.

Cruel! c'est donc ainsi que votre amour s'exprime!
Voilà ce feu si beau qui pour moi vous anime,
Et l'hommage d'un cœur qui ne se donne à moi
Que pour remplir le mien de douleur et d'effroi!
On m'aime, et cependant il faut que je fléchisse!
On m'adore, et c'est moi qui dois le sacrifice!
Il faut de mon devoir que j'étouffe la voix,
Et que de mon amant je subisse les lois!
De l'amour suppliant l'orgueil a pris la place;
Et je vois à ses soins succéder la menace,
Les refus, les mépris, la fierté, la terreur.
Vos transports les plus doux ne sont que de fureur,
Impétueux amant, dont l'ardeur téméraire
Ne déclare ses feux qu'en déclarant la guerre.
Inspira-t-on jamais l'amour par la frayeur?
C'est ainsi qu'Hélénus se rend maître d'un cœur!
Il ordonne en tyran, il faut le satisfaire!
Barbare! ma fierté vous devroit le contraire;

Je devrois n'écouter que mon juste courroux ?
Mais je veux me venger plus noblement de vous.
Je veux qu'en gémissant Hélénus me regrette,
Et qu'il sente du moins la perte qu'il a faite.
Il ne tenoit qu'à vous de faire mon bonheur :
L'amour à cet espoir ouvroit déjà mon cœur;
Heureuse de pouvoir offrir un diadème,
Sans rechercher en vous d'autre bien que vous-même.
Je ne me vengerai de vos refus honteux
Qu'en vous faisant rougir de mes soins généreux.
Puisque vous le voulez, je vais trouver mon père,
Tenter, pour le fléchir, les pleurs et la prière;
Je vais pour vous, ingrat, tomber à ses genoux,
Et faire ce qu'en vain j'attends ici de vous.

SCÈNE III.

HÉLÉNUS, seul.

O DEVOIR ! ta rigueur est-elle satisfaite ?
Vois ce qui m'est offert, et ce que je rejette.
Quels bienfaits de ta part me feront oublier
Ce que tu m'as forcé de te sacrifier ?
Ah ! Pyrrhus, que le soin de défendre ta vie
Sera d'un prix cruel, s'il m'en coûte Éricie !

SCÈNE IV.

HÉLÉNUS, ILLYRUS, Gardes.

HÉLÉNUS.

MAIS on vient : c'est lui-même. Hélas ! pour m'attendrir,
Que d'objets à la fois viennent ici s'offrir !

PYRRHUS.
ILLYRUS.
Seigneur, car je ne sais si je parle à mon frère,
Tant le sort entre nous a jeté de mystère !
Quoi qu'il en soit, avant que de quitter ce lieu,
J'ai cru devoir vous dire un éternel adieu,
Après avoir reçu ceux du roi d'Illyrie,
Dont je suis plus touché que de sa barbarie.
Quel autre nom donner à sa rigueur pour moi,
Quand je n'y trouve plus mon père ni mon roi ?
Par quel malheur son fils a-t-il cessé de l'être?
Ai-je déshonoré celui qui m'a fait naître ?
Quel est donc ce Pyrrhus, pour lui d'un si haut prix ?
Encor si c'étoit vous, j'en serois moins surpris.
Seigneur, vous soupirez ! je vois couler vos larmes !
Ces pleurs me causeroient de mortelles alarmes,
Si mon cœur étoit fait pour sentir de l'effroi :
Il s'émeut cependant de tout ce que je voi.
Une douleur si noble a de quoi me surprendre :
Ce n'est pas d'un rival que j'eusse osé l'attendre,
Ni me flatter qu'il dût être si généreux,
Lorsque tout abandonne un prince malheureux.
Non qu'à votre vertu j'eusse fait l'injustice
De croire votre amour de ma perte complice ;
Mais, si je n'ai rien craint de votre inimitié,
Je n'en attendois pas non plus tant de pitié.

HÉLÉNUS.
Seigneur, quelques transports qu'une maîtresse inspire,
La gloire et le devoir ont aussi leur empire.
Entre ce qui me plaît et ce que je me dois,
L'honneur seul a toujours déterminé mon choix.

Je n'ai pas, dans les soins d'une ardeur qui m'est chère,
Perdu le souvenir de mon malheureux frère ;
Et dût-il me haïr, même sans m'estimer,
Ses malheurs suffiroient pour me le faire aimer.
Je vois avec douleur le sort qu'on vous prépare,
Sans oser cependant immoler un barbare.
Ce palais est rempli de chefs et de soldats
Qu'un ordre redoutable attache sur mes pas.
Le fier Lysimachus, jaloux de sa puissance,
Ne laisse à mon courroux nul espoir de vengeance ;
Et si je n'en craignois un funeste succès,
J'aurois bientôt troublé l'asile de la paix :
Mais la peur d'exposer la tête de mon père
Me fait, en frémissant, étouffer ma colère ;
Et l'horreur de vous voir dans des fers odieux
La porte à des accès quelquefois furieux.
J'ose tout, je crains tout, sans savoir qu'entreprendre :
Je plains même Pyrrhus, et voudrois le défendre :
Heureux si son secret fût resté dans l'oubli !

ILLYRUS.

Vous n'êtes pas le seul qui le sachiez ici,
A qui ce Pyrrhus doit encor plus qu'il ne pense :
Mais on veut lui garder un généreux silence ;
Et pour sauver ses jours on fait plus aujourd'hui
Que jamais Glaucias n'osa faire pour lui
Lorsque tout engageoit à le faire connoître.

HÉLÉNUS.

Ah ! laissons ce Pyrrhus, seigneur, quel qu'il puisse être.
Pénétré de son sort jusqu'au saisissement,
Mon cœur n'a pas besoin d'autre éclaircissement.

Je ne connois que vous en ce moment funeste
Où le rival s'oublie et l'ami seul vous reste.
Mais Glaucias paroît : retirez-vous, seigneur ;
Votre aspect ne feroit qu'irriter sa douleur :
Daignez la respecter dans un malheureux père,
Et me laissez le soin d'une tête si chère.

ILLYRUS.

Non, non, ce seroit trop en exiger de vous :
Je vous exposerois, seigneur, à son courroux.
Pour la dernière fois souffrez que je le voie.

SCÈNE V.
GLAUCIAS, ILLYRUS, HÉLÉNUS, GARDES.

GLAUCIAS, dans le fond du théâtre.

DIEUX cruels, dont sur moi la rigueur se déploie,
Si rien à la pitié ne vous peut émouvoir,
Jouissez de mes pleurs et de mon désespoir !...
Que vois-je ? quels objets ! les deux princes ensemble !
Ah ! que d'infortunés le sort ici rassemble !
(à Illyrus.)
Que cherchez-vous, mon fils, en ces funestes lieux,
Où tout doit désormais vous paroître odieux,
Où vous devez me fuir et m'abhorrer moi même ?

ILLYRUS.

Vous n'en êtes pas moins, seigneur, tout ce que j'aime.
A mon frère, il est vrai, je me plaignois de vous,
Et j'en eusse attendu des sentiments plus doux.

ACTE III, SCÈNE V.

Je suis touché de voir, en ce moment terrible,
Que mon rival soit seul à ma perte sensible.
Hélas ! qui fut jamais plus à plaindre que moi ?
Méprisé d'Éricie, et peu cher à mon roi,
C'est un prince sorti d'une race étrangère
Qui l'emporte sur moi dans le cœur de mon père !
Je ne condamne point sa générosité,
Mais l'effort en devroit être plus limité :
La gloire n'admet point de si grands sacrifices,
Et ce n'est point à moi d'illustrer ses caprices,
Victime des transports d'un chimérique honneur,
Sans avoir d'autre crime ici que mon malheur.
Ce reproche cruel dont votre cœur s'offense
Ne regarde, seigneur, que votre indifférence :
Je ne puis voir mon père abandonner son fils,
Sans soupçonner pour moi d'injurieux mépris.
Voilà les seuls regrets dont mon ame est saisie,
Et j'en suis plus touché que de perdre la vie :
Mais je n'en ai pas moins souhaité vous revoir.

GLAUCIAS.

Illyrus, mon seul bien et mon unique espoir,
Ah ! si c'est ton amour qui vers moi te rappelle,
Ne m'en refuse point une preuve nouvelle.
Viens, mon fils, dans les bras d'un père infortuné,
Dont le cœur ne t'a point encore abandonné ;
Viens te baigner de pleurs qui couleront sans cesse,
Et ne m'accuse point de manquer de tendresse.
Mon fils, je t'aime encor tout ce qu'on peut aimer,
Et je te connois trop pour ne pas t'estimer.

PYRRHUS.

Tes reproches honteux, dont ma gloire murmure,
Outragent plus que moi le sang et la nature.
Mon cœur de ses retours n'est que trop combattu,
Et je n'ai plus d'espoir qu'en ta propre vertu.
Loin de déshonorer mon auguste vieillesse,
Aide-moi de mon sang à domter la foiblesse.
Le malheureux Pyrrhus est maître de ma foi;
Je ne suis pas le sien, et ta vie est à moi.
Fais voir, par les efforts d'une vertu suprême,
La victime au dessus du sacrifice même.
Adieu : sois généreux autant que je le suis.
Te pleurer et mourir est tout ce que je puis.

ILLYRUS.

Oui, je vous ferai voir par un effort insigne
De quel amour, seigneur, Illyrus étoit digne ;
Que ce fils malheureux, sans le faire éclater,
Des plus rares vertus auroit pu se flatter ;
Qu'il sait du moins mourir et garder le silence,
Quand son propre intérêt peut-être l'en dispense.
Je pourrois d'un seul mot éviter mon malheur,
Mais ce mot échappé vous perceroit le cœur.
C'est dans le fond du mien qu'enfermant ce mystère
Je vais sauver Pyrrhus, votre gloire, et me taire.
Adieu, cher Hélénus : vous apprendrez un jour
Si j'avois mérité de vous quelque retour.

SCÈNE VI.
GLAUCIAS, HÉLÉNUS.

HÉLÉNUS.

Seigneur, de ce discours que faut-il que je pense ?
Sur quoi le prince ici vante-t-il son silence ?

GLAUCIAS.

Ah ! mon fils, ce secret ne regarde que moi ;
Mais il a d'un seul mot glacé mon cœur d'effroi.
Hélas ! que de son sort mon ame est attendrie !
Pyrrhus, que de vertu ma foi te sacrifie !

HÉLÉNUS.

Le prince va, dit-il, se perdre pour Pyrrhus ;
Et c'est lui cependant sous le nom d'Illyrus,
Si j'en crois les soupçons du tyran de l'Épire.
Seigneur, de ce secret vous pouvez seul m'instruire.
Mon respect m'a forcé de cacher jusqu'ici
Les désirs que j'avois de m'en voir éclairci ;
Mais, s'il a triomphé de mon impatience,
Je rougis à la fin de votre défiance.
Si jamais votre cœur fut sensible pour moi,
Si mon amour pour vous a signalé ma foi,
Si j'ai pu m'illustrer en marchant sur vos traces,
Et par quelques exploits su mériter des graces,
Du sang que j'ai perdu je n'exige qu'un prix.
Est-il vrai qu'Illyrus ne soit point votre fils ?

GLAUCIAS.

Je ne suis point surpris qu'un lâche cœur soupçonne
Qu'Illyrus soit Pyrrhus, dès que je l'abandonne :

Mais vous, jusqu'à ce jour élevé dans mon sein,
Vous, à qui des vertus j'aplanis le chemin,
Que j'instruisis d'exemple, auriez-vous osé croire
Que d'une lâcheté j'eusse souillé ma gloire ?
Non, mon cher Hélénus : ce fils abandonné
N'en est pas moins celui que les dieux m'ont donné;
Et plût au sort cruel qu'il eût un autre père !

HÉLÉNUS.

Vous n'éclaircissez pas, seigneur, tout le mystère.

GLAUCIAS.

Prince, c'est trop vouloir pénétrer un secret :
Offrez à ma douleur un zèle plus discret,
Et n'en exigez pas plus que je n'en veux dire.

HÉLÉNUS.

C'en est assez pour moi, seigneur; je me retire,
Satisfait qu'Illyrus soit toujours votre fils,
Et je vais de ce pas trouver ses ennemis.

GLAUCIAS.

Ah ! cruel, arrêtez : qu'allez-vous entreprendre ?

HÉLÉNUS.

Ce que de ma vertu mon frère doit attendre :
Je cours le dérober à son sort inhumain,
Ou mourir avec lui les armes à la main ;
Et je n'écoute plus, dans l'ardeur qui me guide,
Que la soif de verser le sang d'un parricide.

GLAUCIAS.

Barbare ! immole donc le mien à ta fureur;
Cours exposer ma vie et me perdre d'honneur.

HÉLÉNUS.

Ah ! vous ne craignez pas, seigneur, pour votre vie :
Ce n'est pas là l'effroi dont votre ame est saisie ;
Elle est trop au-dessus d'une lâche frayeur.
Pyrrhus, le seul Pyrrhus occupe votre cœur.
Indifférent pour nous, pour lui plein de tendresse,
Voilà, pour m'arrêter, le motif qui vous presse,
Et l'unique frayeur qui vous trouble aujourd'hui.
N'avons-nous pas assez versé de sang pour lui ?
S'il est reconnoissant, que veut-il davantage ?
Je sais qu'à le sauver votre foi vous engage,
Que vous lui devez même une sainte amitié ;
Mais que lui dois-je, moi, qu'une simple pitié
Qui doit céder aux soins de conserver mon frère ?
Hé bien ! qu'à vos deux fils votre honneur le préfère ;
Consacrez à jamais ces transports vertueux,
Et me laissez le soin de nous sauver tous deux.
Que Pyrrhus avec nous vienne aussi se défendre,
S'il est digne du sang que vous laissez répandre.
Eh ! de quelle vertu l'ont enrichi les dieux,
Pour vous rendre, seigneur, le sien si précieux ?
Je ne sais ; mais je crains que le grand nom d'Achille
Ne soit pour lui d'un poids plus onéreux qu'utile,
Que sans honneur ses jours ne se soient écoulés.

GLAUCIAS.

Ah ! si vous connoissiez celui dont vous parlez,
Vous changeriez bientôt de soins et de langage,
Et je verrois mollir ce superbe courage.

HÉLÉNUS.

Seigneur, à ce discours, c'est trop me le cacher :
Je dois de votre sein désormais l'arracher.

GLAUCIAS.

Quoi ! ce même Hélénus que l'univers admire,
Et dont les dieux sembloient lui désigner l'empire,
L'ennemi des tyrans, l'ami des malheureux,
Flétrit en un seul jour tant de jours si fameux,
Et me demande à moi le sang d'un misérable !

HÉLÉNUS.

Ah dieux ! de ces horreurs me croyez-vous capable ?
Non : vous ne m'imputez ces lâches mouvements
Que pour vous délivrer de mes empressements.
C'est le droit d'un refus acquis par une offense,
Et dont à vos remords je laisse la vengeance.
Ce jour, qu'on croit des miens avoir flétri le cours,
Est peut-être, seigneur, le plus beau de mes jours.
A ce même Pyrrhus j'ai fait un sacrifice
Qui sera pour mon cœur un éternel supplice,
Et dont mon amour seul connoissoit tout le prix.
Mais en vain aux refus vous joignez le mépris :
Si vous voulez calmer la fureur qui m'agite,
Cessez de retenir un secret qui m'irrite,
Ou de sang et d'horreurs je vais remplir ces lieux.

GLAUCIAS.

Ah ! mon fils, étouffez ces désirs curieux ;
Et Pyrrhus puisse-t-il pour jamais disparoître !

HÉLÉNUS.

Je commence, seigneur, à ne me plus connoître.

ACTE III, SCÈNE VI.

(Il embrasse avec violence les genoux de Glaucias.)
Pour la dernière fois j'embrasse vos genoux.

GLAUCIAS.

Ah ! quel emportement ! C'en est trop, levez-vous.
Reconnoissez Pyrrhus à ma douleur extrême.

HÉLÉNUS.

Achevez....

GLAUCIAS.

Je me meurs.... Malheureux ! c'est vous-même.

PYRRHUS.

Seigneur, c'en est assez, et je suis satisfait.

(Il veut se retirer.)

GLAUCIAS, l'arrêtant.

Arrêtez, prince ingrat : quel est donc le projet
Qu'en ce triste moment votre fureur médite ?
Non, ce n'est pas ainsi, seigneur, que l'on me quitte.
Je n'en conçois que trop, à vos yeux enflammés....
Mais je verrai bientôt, cruel, si vous m'aimez.

FIN DU TROISIÈME ACTE.

ACTE QUATRIÈME.

SCÈNE I.

PYRRHUS, ANDROCLIDE, CYNÉAS.

ANDROCLIDE.

Enfin il m'est permis, seigneur, de vous connoître,
Et d'oser embrasser les genoux de mon maître.
Dieux ! quel ravissement ! Quelle douceur pour moi
De trouver un héros dans le fils de mon roi !
Mais de ce bien si doux que vous troublez la joie
Par les transports secrets où je vous vois en proie !
Glaucias, à son tour accablé de douleur,
Semble plus que jamais ressentir son malheur.
Seigneur, daignez calmer cette douleur cruelle ;
Songez qu'un seul instant peut la rendre mortelle :
Ne l'abandonnez pas en ces tristes moments.

PYRRHUS.

Je puis avoir pour lui d'autres empressements.
Androclide, je sais que je vous dois la vie ;
Que sans vous, en naissant, on me l'auroit ravie :
Allez, de ce bienfait je saurai m'acquitter.

ANDROCLIDE.

Le roi m'a commandé de ne vous point quitter.

PYRRHUS.

Glaucias est un roi que j'estime et que j'aime ;
Mais je ne dépends plus ici que de moi-même.
Pour vous, que le destin a soumis à mes lois,
Respectez-les du moins une première fois,
Et cessez d'écouter une crainte frivole.
Glaucias me connoît : j'ai donné ma parole ;
J'ai juré d'épargner un tyran odieux,
Et de ne point troubler l'asile de ces lieux.
Que pouvois-je de plus pour le roi d'Illyrie ?
Allez : si vous m'aimez, prenez soin de sa vie.

ANDROCLIDE.

Seigneur....

PYRRHUS.

Obéissez. Profitons des instants
Que j'ai pu dérober à leurs soins vigilants.

SCÈNE II.

PYRRHUS, CYNÉAS.

PYRRHUS.

CYNÉAS, approchez. L'heure fatale presse :
Puis-je encore espérer de revoir la princesse ?
Sait-elle qu'Hélénus doit se trouver ici ?

CYNÉAS.

Oui, seigneur, et bientôt vous l'y verrez aussi.
J'ai laissé la princesse avec Néoptolème,
Qui m'a paru frappé d'une surprise extrême,
Lorsque je l'ai flatté de l'espoir d'une paix
Qu'il devoit regarder comme un de vos bienfaits.

Au seul nom de Pyrrhus, j'ai vu sa défiance
Balancer ses désirs et son impatience.
« Je douterois, dit-il, qu'on voulût le livrer,
Si d'autres qu'Hélénus osoient m'en assurer :
Mais dès que ce héros souscrit à ma demande.... »

PYRRHUS.

Ami, c'en est assez; dites-lui qu'il m'attende.

SCÈNE III.

PYRRHUS, seul.

Désirs impérieux que je ne puis dompter,
Et qu'en vain mon devoir s'attache à surmonter;
Redoutables moments d'une trop chère vue,
Que vous allez coûter à mon ame éperdue !
Pyrrhus, à quels transports oses-tu te livrer ?
Est-ce l'amour ici qui doit t'en inspirer ?
Néoptolème vit, et le sang d'Æacide
S'enflamme pour le sang d'un lâche parricide !
Mais pour lui mon amour eût en vain combattu,
Si de plus hauts desseins n'occupoient ma vertu.
Infortuné Pyrrhus, il est temps qu'elle éclate.
Non, de quelque valeur que l'univers te flatte,
Quels que soient tes exploits et tes honneurs passés,
Illyrus en un jour les a tous effacés;
Et telle est aujourd'hui ta triste destinée,
Qu'il faut que par toi seul elle soit terminée.
C'est vainement qu'au ciel tu comptes des aïeux,
Si ta propre vertu ne t'y place avec eux.

Le sang d'Achille est beau ; mais l'honneur d'en descendre
Ne vaut pas désormais celui de le répandre.
Un rival généreux qui s'immoloit pour toi
T'en a tracé l'exemple et prononcé la loi.
Ah ! que tant de grandeur me touche et m'humilie !
Père et fils vertueux, que je vous porte envie !
Comment vous surpasser ? Dieux, voilà des mortels
Dignes de partager avec vous les autels;
Non ces barbares nés pour l'effroi de la terre,
Ces idoles de sang, fiers rivaux du tonnerre,
Qui font de leur valeur un horrible métier,
Et dont je n'ai que trop suivi l'affreux sentier.
Cherchons au-dessus d'eux une gloire nouvelle,
Plus digne des transports que j'eus toujours pour elle.
Heureux si mon devoir pouvoit les redoubler
A l'aspect d'un objet qui peut seul les troubler !

SCÈNE IV.

PYRRHUS, ÉRICIE.

ÉRICIE.

JE sors en ce moment d'avec le roi d'Épire :
En croirai-je, seigneur, ce qu'il vient de me dire ?
Est-ce bien Hélénus qui nous donne une paix
Qu'on croit même devoir à mes foibles attraits ?
Mais, loin de rappeler le souvenir funeste
D'un sacrifice affreux que ma vertu déteste,
Je ne veux m'occuper que du soin généreux
De pleurer avec vous un prince malheureux.

PYRRHUS.

Que n'ai-je point tenté près de Néoptolème!
J'ai regardé Pyrrhus comme un autre vous-même.
Non, l'horreur de son sort n'égalera jamais
Mes regrets de l'avoir défendu sans succès.
Je sais trop à quel point Pyrrhus vous intéresse,
Pour ne point partager la douleur qui vous presse :
Jugez combien mon cœur s'est senti pénétrer
De vous voir désormais réduit à le livrer.
Et plût aux dieux, seigneur, pour comble d'injustice,
Qu'on ne m'imputât point ce cruel sacrifice,
Et qu'au bien de la paix l'amour trop indulgent
N'eût point pris sur lui-même un si triste présent !
Hélénus eût moins fait pour désarmer ma haine,
S'il savoit qu'un remords en triomphe sans peine.
Mais quoi ! vous rougissez et ne répondez rien !
Pourquoi me demander un secret entretien ?

PYRRHUS.

Je rougis, il est vrai, d'un discours qui m'offense,
Et jamais mon courroux n'eut plus de violence.
Puis-je voir sans frémir qu'avec un si beau feu
Ce cœur où j'aspirois m'ait estimé si peu ?
Puis-je voir, sans rougir de honte et de colère,
Qu'Éricie ait de moi pensé comme son père,
Et qu'elle ose imputer aux transports d'Hélénus
Le funeste présent qu'il vous fait de Pyrrhus ?
Je ne sais si l'amour peut nous rendre excusables ;
Mais il ne doit jamais nous rendre méprisables.
Le crime est toujours crime, et jamais la beauté
N'a pu servir de voile à sa difformité.

Peut-être que mon cœur, dans l'ardeur qui l'enflamme,
Tout vertueux qu'il est, n'est point exempt de blâme ;
Mais ce qu'à mon devoir je vais sacrifier
Aux yeux de l'univers va me justifier,
Éterniser mon nom, expier ma tendresse,
Et venger ma vertu d'un soupçon qui la blesse.

ÉRICIE.

Seigneur, daignez calmer un si noble courroux.
Je sais ce que je dois attendre ici de vous.

PYRRHUS.

Dans un moment du moins vous pourrez le connoître,
Et, loin de me haïr, vous me plaindrez peut-être.
Connoissez mieux, madame, un cœur où vous régnez,
Et ne l'outragez point si vous le dédaignez.
Belle Éricie, enfin croyez que je vous aime ;
Mais ne le croyez point comme Néoptolème.
Mon amour n'a jamais soumis à vos beaux yeux
Qu'un cœur digne de vous, et peut-être des dieux,
Qui ne sait point offrir pour sacrifice un crime
Qui déshonoreroit l'autel et la victime.
Je vais à son destin livrer un malheureux,
Mais ce ne sera point par un traité honteux :
Ma vertu n'admet point de si lâche injustice,
Et mon cœur vous devoit un autre sacrifice.
Trop heureux si ce cœur, facile à s'enflammer,
Au gré de mon devoir l'avoit pu consommer !
Mais, dans l'état cruel où mon malheur me laisse,
On peut me pardonner un instant de foiblesse ;
Et vous m'avez offert des soins si généreux,
Qu'ils m'ont fait oublier qui nous étions tous deux.

PYRRHUS.

Votre père m'attend. Adieu, belle Éricie.
J'ai voulu vous revoir ; mais mon ame attendrie
Ne pourroit soutenir vos pleurs prêts à couler,
Et qu'un fatal instant va bientôt redoubler.

ÉRICIE.

Ah ! seigneur, arrêtez ; et, si je vous suis chère,
Daignez de vos adieux m'expliquer le mystère.
Je sens un froid mortel qui me glace le cœur,
Et la mort n'a jamais causé plus de frayeur.
Hélas ! au trouble affreux dont mon ame est saisie,
Puis-je encor souhaiter de me voir éclaircie ?
Vous allez, dites-vous, livrer un malheureux,
Sans cesser d'être grand ni d'être généreux.
Ah ! je vous reconnois à cet effort suprême.
Justes dieux ! c'est Pyrrhus qui se livre lui-même.

PYRRHUS.

Oui, madame, c'est lui ; c'est ainsi qu'Hélénus
Pouvoit du moins livrer l'infortuné Pyrrhus,
Qui sous ce triste nom ne craint plus de paroître,
Dès qu'à de nobles traits on veut le reconnoître.

ÉRICIE.

Dites plutôt, seigneur, qu'à ce cœur sans pitié,
Dont je n'ai jamais pu fléchir l'inimitié,
J'aurois dû reconnoître une race ennemie
Qui ne s'immole ici que pour m'ôter la vie.
Inhumain ! consommez vos généreux projets :
De votre haine, enfin, voilà les derniers traits.
Quel ennemi, grands dieux, offrez-vous à la mienne ?
Quel dessein venez-vous d'inspirer à la sienne ?

Ah ! si c'est à ce prix que vous donnez la paix,
Barbare, faites-nous la guerre pour jamais.
Vous ne démentez point le sang qui vous fit naître ;
Ingrat, vous ne pouviez mieux vous faire connoître
Que par un noir projet qui n'est fait que pour vous :
Je reconnois Pyrrhus à ces funestes coups.
Quand par des soins trompeurs il a séduit mon ame,
Des plus cruels refus je vois payer ma flamme ;
Et quand je crois jouir d'un destin plus heureux,
Je retrouve Pyrrhus dans l'objet de mes vœux.
Qui vous a dévoilé, seigneur, votre naissance ?
Glaucias n'a-t-il plus ni vertu, ni prudence ?
Devoit-il un moment douter de vos desseins,
Et méconnoître en vous le plus grand des humains ?
Il faut, pour mon malheur, que le roi d'Illyrie
Vous ait moins estimé que ne fait Éricie.
Cruel, songez du moins, en courant à la mort,
Qu'un amour malheureux me garde un même sort.
Ne croyez point en moi trouver Néoptolème :
Vous ne voyez que trop à quel point je vous aime.

PYRRHUS.

Ah ! voilà les transports que j'aurois dû prévoir,
Si l'amour m'eût laissé maître de mon devoir.
J'ai voulu consacrer à l'objet que j'adore
Quelques tristes moments qui me restoient encore :
Je bravois le trépas ; mais je sens, à vos pleurs,
Qu'il a pour les amants son trouble et ses horreurs.
Ne m'offrez-vous les soins d'une ardeur mutuelle,
Que pour me rendre encor ma perte plus cruelle ?

PYRRHUS.

Quel bien à notre amour peut s'offrir désormais ?
Un parricide affreux nous sépare à jamais.
Songez, si je ne meurs, qu'il faut que je punisse;
Qu'un coupable avec moi n'est pas loin du supplice :
Songez enfin, madame, à ce que je me doi,
A ce que mon honneur m'impose envers un roi
A qui je dois un fils son unique espérance,
Et le plus digne effort de ma reconnoissance.

ÉRICIE.

Glaucias vous doit-il être plus cher que moi,
Seigneur ? Ne pouvez-vous récompenser sa foi
Qu'aux dépens de vos jours et de ma propre vie,
Que vous sacrifiez au prince d'Illyrie ?
Ah ! laissez-moi le soin de vous le conserver,
Et, par pitié pour moi, songez à vous sauver.
C'est Éricie en pleurs qui vous demande grace :
Verrez-vous sans pitié le sort qui la menace ?
Est-ce par vous, cruel, qu'elle doit expirer ?
Ah ! du moins attendez qu'on ose vous livrer.

PYRRHUS.

Non, non, au sang d'Achille épargnez cet outrage :
Je dois d'un si beau sang faire un plus noble usage.
La mort, pour mes pareils, n'est qu'un léger instant
Dont la crainte aux humains a fait seule un tourment.
Je vous perds pour jamais, adorable Éricie ;
C'est là pour un amant perdre plus que la vie ;
Mais ne présumez pas qu'en lâche criminel
Je souffre que Pyrrhus soit conduit à l'autel.
D'ailleurs, pour Glaucias j'eus toujours trop d'estime
Pour lui laisser jamais la honte d'un tel crime.

ÉRICIE.

C'est-à-dire, seigneur, qu'il vous paroît plus doux
D'en rejeter ainsi l'indignité sur nous ;
Et que vous aimez mieux déshonorer mon père,
Pour m'en laisser à moi la douleur tout entière,
Et me faire haïr qui m'a donné le jour.
Voilà ce que Pyrrhus gardoit à tant d'amour !
Hé bien ! cruel, allez trouver Néoptolème ;
Puisque vous le voulez, je vous rends à vous-même :
Mais, dans tous vos transports de générosité,
Je vois moins de vertu que de férocité.

PYRRHUS.

Ne me reprochez point une vertu farouche ;
L'honneur ainsi le veut, et l'honneur seul me touche.
S'il se pouvoit trouver d'accord avec mes jours,
Vous ne m'en verriez point précipiter le cours.
Comme mortel, je sens tout le prix de la vie ;
Comme amant, tout le prix d'être aimé d'Éricie :
Mais Pyrrhus, en héros épris de vos appas,
Se met, en immortel, au-dessus du trépas.

ÉRICIE.

Vous prétendez en vain qu'au gré de votre envie
Je vous laisse, seigneur, maître de votre vie.
Si vous ne rejetez vos projets inhumains,
Je cours à Glaucias découvrir vos desseins.

PYRRHUS.

Si vous m'aimez encor, gardez de l'entreprendre.
Belle Éricie, au nom de l'amour le plus tendre,
N'abusez point ici des secrets d'un amant
Qui pourroit de dessein changer en un moment.

Considérez sur qui tomberoit ma colère :
Vous pleurez un amant, vous pleureriez un père.
En faveur de Pyrrhus tâchez de le fléchir,
J'y consens ; mais daignez ne le point découvrir,
Et ne lui faites point mériter votre haine.
Qu'espérez-vous enfin d'une pitié si vaine?
Songez que, dans l'état où m'a réduit le sort,
Il ne me reste plus que l'honneur de ma mort.
Ne me l'enviez point, et respectez ma gloire ;
Vivez pour en garder une tendre mémoire,
Et cessez de vouloir partager mes malheurs ;
Laissez mourir Pyrrhus digne enfin de vos pleurs.
Adieu, madame ; allez trouver Néoptolème :
J'irai dans un moment le rejoindre moi-même.
M'exposer plus long-temps à tout ce que je vois,
C'est moins braver la mort que mourir mille fois.

(Il sort.)

ÉRICIE, seule.

Quoi ! seigneur, vous iriez vous livrer à mon père !
Ah ! puisqu'en vos fureurs votre cœur persévère,
L'inflexible Pyrrhus, qui déchire le mien,
Va le voir surpasser la fermeté du sien.

SCÈNE V.

GLAUCIAS, ÉRICIE.

ÉRICIE, à part.

MAIS Glaucias paroît. Quel soin ici l'appelle?
Éclatez, vains transports de ma douleur mortelle,

Et laissez dans mes pleurs lire un triste secret.

GLAUCIAS.

Princesse, un ennemi qui ne l'est qu'à regret,
Et qui touche peut-être à son heure dernière,
Osera-t-il ici vous faire une prière ?
S'il fut long-temps l'objet de votre inimitié,
Il ne doit plus, hélas ! l'être que de pitié.
Les dieux viennent sur moi d'épuiser leur colère.
Je n'ai rien oublié pour fléchir votre père ;
Mais le cruel qu'il est me redemande un bien
Que ma pitié protège, et qui n'est pas le mien.
Il veut Pyrrhus ; il veut que je lui sacrifie
Le malheureux dépôt que le ciel me confie ;
Il veut, à mon honneur portant le coup mortel,
Couvrir mes cheveux blancs d'un affront éternel,
Et plonger dans l'horreur le reste de ma vie.
Plaignez mon triste sort, généreuse Éricie :
Vous êtes désormais mon unique recours ;
A des infortunés prêtez votre secours.
Je sais, dans les faveurs dont le ciel vous partage,
Que la beauté n'est pas votre seul avantage,
Et que les dieux, sur vous épuisant leurs bienfaits,
Ont de mille vertus enrichi vos attraits.
Mon cœur, près de vous voir unie à ma famille,
Vous prodiguoit déjà le tendre nom de fille :
Mais, puisque le destin me ravit la douceur
D'un bien qui m'eût comblé de joie et de bonheur,
Je veux traiter pour vous un plus noble hyménée,
De vous et de Pyrrhus unir la destinée.

25.

PYRRHUS.

Je sais que je ne puis former ces tristes nœuds
Sans outrager les lois, la nature et les dieux;
Mais la paix ne veut pas un moindre sacrifice.
Rendez à cet hymen votre père propice.
S'il soupçonne ma foi, qu'il emmène Illyrus,
Et confie à mes soins Éricie et Pyrrhus :
Vous vous serez tous trois un mutuel otage.
Néoptolème aura l'Épire pour partage :
Et je l'en laisserai paisible possesseur,
Pourvu que votre époux en soit le successeur.

ÉRICIE.

Ah! seigneur, plût aux dieux, et pour l'un et pour l'autre,
Que tous les cœurs ici fussent tels que le vôtre,
Et sussent, comme vous, régler sur l'équité
La vengeance des rois et leur avidité !
Qui ne seroit touché de l'état déplorable
Où vous réduit le soin du sort d'un misérable ?
Les dieux, tout grands qu'ils sont, en ont-ils autant fait?
Qu'un père tel que vous est digne de regret !
Jugez, à ma douleur, si le cœur d'Éricie
A pu garder pour vous une haine endurcie.
Seigneur, tant de vertu trouve peu d'ennemis.
Hélas ! pour conserver Pyrrhus et votre fils,
Vous n'aviez pas besoin d'employer la prière.
Que n'ai-je point déjà tenté près de mon père?
Rien ne peut désarmer sa haine et sa rigueur.
Je ne vous dirai point quelle en est ma douleur;
Mais Pyrrhus aujourd'hui m'a coûté plus de larmes
Que le soin de ses jours ne vous causa d'alarmes.

Plût au ciel que celui de nous unir tous deux
Pût rendre à vos souhaits ce prince malheureux,
Et que de notre hymen les funestes auspices
Ne fussent point suivis des plus noirs sacrifices !
Adieu. Puisse le ciel, attendri par mes pleurs,
Les faire avec succès parler dans tous les cœurs !
Vous ne connoissez pas le plus inexorable :
Mais si je n'obtiens point un aveu favorable,
Seigneur, au même instant fuyez avec Pyrrhus,
Et me laissez le soin du destin d'Illyrus.
Emparez-vous surtout d'un guerrier invincible
Dont rien ne peut domter le courage inflexible....
Que dis-je ? où mon amour se va-t-il égarer ?

GLAUCIAS.

O ciel ! à quels malheurs faut-il me préparer ?
Dans l'état où m'a mis la fortune cruelle,
En ai-je à redouter quelque atteinte nouvelle ?
Ah ! madame, daignez ne me le point cacher,
Si d'un infortuné le sort peut vous toucher.
Vous avez vu mon fils ; je sais qu'il vous adore,
Et j'ai cru près de vous le retrouver encore.
Je venois m'emparer d'un ingrat qui me fuit,
Et que partout en vain ma tendresse poursuit.
Ma vie à ce cruel devoit être assez chère
Pour ne point l'arracher à son malheureux père ;
Mais je vois qu'Hélénus ne s'éloigne de moi
Que pour mieux me manquer de parole et de foi.
Il a par ses serments surpris ma vigilance,
Dissipé mes soupçons, et trompé la prudence

D'un père en sa faveur toujours trop prévenu.
Apprenez-moi du moins ce qu'il est devenu.
Veut-il nous perdre tous, ou se perdre lui-même ?
Grands dieux ! faudra-t-il voir périr tout ce que j'aime ?
Madame, ayez pitié de l'état où je suis.

ÉRICIE.

Ah ! que demandez-vous ? et qu'est-ce que je puis ?
N'ajoutez rien vous-même au trouble qui m'agite.
Les moments nous sont chers, souffrez que je vous quitte.
Seigneur, il n'est pas temps d'interroger mes pleurs,
Lorsqu'il faut prévenir le plus grand des malheurs.

FIN DU QUATRIÈME ACTE.

ACTE CINQUIÈME.

SCÈNE I.

ÉRICIE, ISMÈNE.

ÉRICIE.

Si je n'ai pu toucher un amant qui m'adore,
Que pourrai-je obtenir d'un père qui l'abhorre?
Malheureuse! les dieux ont-ils doué tes pleurs
De ces charmes puissants qui fléchissent les cœurs?
Et tu crois attendrir un prince inexorable
Que la soif de régner va rendre impitoyable;
Qui, maître du plus fier de tous ses ennemis,
Pour ne le craindre plus se croira tout permis!
Funeste ambition, détestable manie,
Mère de l'injustice et de la tyrannie,
Qui de sang la première as rempli l'univers,
Et jeté les humains dans l'opprobre et les fers,
C'est toi dont les fureurs toujours illégitimes
Firent naître à-la-fois les sceptres et les crimes:
Sans toi, rien n'eût borné ma gloire et mon bonheur.
Quel sort plus beau pouvoit jamais flatter un cœur?
Et mes yeux effrayés verront fumer la terre
D'un sang qui doit sa source au maître du tonnerre!

Grand dieu, ne souffre point qu'un père furieux
S'immole sans pitié le plus pur sang des dieux :
Daigne, loin d'employer la foudre à sa vengeance,
Tonner au fond des cœurs, et prévenir l'offense.
ISMÈNE.
Madame, il faut cacher ce mortel désespoir.
Glaucias, disiez-vous, demandoit à vous voir ?
ÉRICIE.
Je ne l'ai que trop vu ce prince déplorable,
Des rois les plus vantés modèle inimitable,
Qui n'a que l'honneur seul pour guide et pour objet,
Père moins malheureux encor qu'ami parfait.
Que de son sort cruel mon ame est attendrie !
Qu'il redouble les maux de la triste Ericie !
Et ce roi généreux, si digne de pitié,
De ses malheurs encore ignore la moitié.
Hélas ! que je le plains ! Que de vertus, Ismène !
Est-ce donc là, grands dieux, l'objet de votre haine ?
Que mon père n'a-t-il un cœur tel que le sien !
Qu'il auroit épargné de désespoir au mien !
Ismène, il ne vient point ; et mon impatience
Commence à soupçonner une si longue absence.
Quel autre qu'Hélénus pourroit le retenir ?
Sans doute le cruel m'a voulu prévenir ;
Et, si j'en crois mes pleurs, sa triste destinée
Dans les flots de son sang est déjà terminée.
Je ne sais quelle horreur me saisit malgré moi ;
Je sens à chaque instant redoubler mon effroi.
Je demande mon père, et mon ame éperdue
N'a peut-être jamais tant redouté sa vue.

SCÈNE II.

NÉOPTOLÈME, ÉRICIE, ISMÈNE.

ÉRICIE.

Enfin je l'aperçois. Soutenez-moi, grands dieux.

NÉOPTOLÈME.

Hélénus que j'attends va paroître en ces lieux,
Ma fille. C'en est fait, ce guerrier redoutable,
Loin d'offrir à Pyrrhus une main secourable,
Lui-même doit bientôt le livrer à mes coups,
Et ce spectacle affreux n'a pas besoin de vous.
Sortez. Quoi ! vous pleurez ! qui fait couler vos larmes ?
D'où peut naître à-la-fois tant de trouble et d'alarmes ?
Parlez, c'est trop se taire : après ce que je vois,
Avez-vous des secrets qui ne soient pas pour moi ?

ÉRICIE, se jetant aux genoux de Néoptolème.

Non, seigneur ; mais ce n'est qu'aux genoux de mon père
Que je puis éclaircir ce funeste mystère.

NÉOPTOLÈME, la relevant.

Ma fille, en cet état que me demandez-vous ?
Et qui peut vous forcer d'embrasser mes genoux ?
Que craignez-vous enfin d'un père qui vous aime ?

ÉRICIE.

Ah ! seigneur, pardonnez à ma douleur extrême.
Je sais que vous m'aimez, et ce n'est pas pour moi
Que je viens implorer les bontés de mon roi.
Ne vous offensez point si les pleurs d'Éricie
Osent d'un malheureux vous demander la vie.

L'infortuné Pyrrhus va vous être remis....

NÉOPTOLÈME.

Quoi ! c'est du plus cruel de tous mes ennemis
Que vous osez, ma fille, embrasser la défense !
Et ne craignez-vous point vous-même ma vengeance ?
D'où naissent pour Pyrrhus des sentiments si vains ?
Est-ce à vous que je dois compte de mes desseins,
Vous que je dois sur eux ou consulter ou croire ?

ÉRICIE.

Non, mais vous me devez compte de votre gloire :
Elle est à moi, seigneur, autant qu'elle est à vous ;
Et ce qui la flétrit se partage entre nous.
Si rien ne peut fléchir votre haine endurcie,
Songez de quels malheurs elle sera suivie.
Vous verrez contre vous armer tout l'univers,
Et Pyrrhus chaque jour renaître des enfers.
Quoi ! pour faire oublier le meurtre d'Æacide,
Vous méditez encore un double parricide !
Faudra-t-il vous compter au rang des assassins,
Et vous voir devenir l'opprobre des humains,
Lorsque vous en pouviez devenir le modèle,
Si votre ambition eût été moins cruelle ?
Le ciel vous a comblé de ses dons précieux,
Et vos vertus pouvoient vous égaler aux dieux,
La noblesse du sang, la valeur, la prudence :
En faudra-t-il, seigneur, excepter la clémence ?
Malgré mille revers, vous avez vu cent fois
L'univers vous placer parmi ses plus grands rois ;
Et de tant de vertus le parfait assemblage
Deviendroit d'un tyran l'inutile partage !

ACTE V, SCÈNE II.

NÉOPTOLÈME.

Ma fille, quels discours !

ÉRICIE.

Je m'égare, seigneur;
Mais daignez pardonner ces transports à mon cœur:
Mon respect a toujours égalé ma tendresse :
Loin de me reprocher un discours qui vous blesse,
A mes larmes, seigneur, laissez-vous attendrir,
Ou du moins écoutez ce qu'on vient vous offrir.
Glaucias est tout prêt à vous céder l'Épire :
Pour vous en assurer le légitime empire,
Ce prince pour Pyrrhus vous demande ma main.

NÉOPTOLÈME.

Pour Pyrrhus ! Glaucias croit m'éblouir en vain.
Je connois mieux que lui le sang des Æacides :
Rien ne peut arrêter leurs vengeances perfides.
Loin que cette union dût assurer mon sort,
Votre hymen ne seroit que l'arrêt de ma mort.
C'est mettre sous Pyrrhus ma couronne en tutelle,
Et nourrir entre nous une guerre éternelle.
Ce n'est point ma fureur qui demande son sang :
Je règne, et je dois tout à ce superbe rang.
Si de Pyrrhus enfin je m'immole la vie,
C'est au bien de la paix que je le sacrifie.

ÉRICIE.

Si jamais vous osiez lui donner le trépas,
Quelle guerre, seigneur, n'allumeriez-vous pas?

NÉOPTOLÈME.

Hélénus est le seul dont je crains le courage,
Et son amour pour vous dissipera l'orage;

Mais son courroux bientôt retomberoit sur moi,
Si j'osois à Pyrrhus engager votre foi.
Vous voyez qu'Hélénus me le livre lui-même ;
Jugez par ce présent à quel point il vous aime.

ÉRICIE.

Ah ! ne vous fiez point au présent qu'il vous fait :
C'est peut-être, seigneur, quelque piège secret.
Ce palais vous met-il à couvert de surprise ?
Je ne sais ; mais sur vous je crains quelque entreprise.
Ne vous exposez point à revoir Hélénus ;
Et, si vous m'en croyez, emmenez Illyrus.

NÉOPTOLÈME.

Qu'aurois-je à redouter d'une ame généreuse ?
Votre crainte, ma fille, est trop ingénieuse.

ÉRICIE.

Votre haine, seigneur, l'est plus que mon effroi,
Et vous ferme les yeux sur tout ce que je voi.
L'ardeur de vous venger vous rend tout légitime,
Et la soif de régner vous déguise le crime :
Mais, si mes pleurs en vain combattent vos fureurs,
Vous allez voir ma mort prévenir tant d'horreurs.

NÉOPTOLÈME.

Ah ! c'en est trop, ma fille, et ce discours m'outrage :
Pyrrhus n'auroit osé m'en dire davantage.
Mais Hélénus paroît.

ÉRICIE.

Justes dieux !

ACTE V, SCÈNE III.

PYRRHUS.

Tu me connois; tu peux t'en reposer sur moi,
Et, de plus, relâcher Illyrus sur ma foi.

NÉOPTOLÈME.

Hélénus, tu vas voir combien je m'y confie.
(à ses gardes.)
Gardes, faites venir le prince d'Illyrie.
(à Pyrrhus.)
Je vais dans un moment te le remettre ici;
Mais commande, à ton tour, que Pyrrhus vienne aussi.

PYRRHUS.

Inhumain, ne crains point qu'on te le fasse attendre;
Crains plutôt un aspect qui pourra te surprendre.
Mais daigne auparavant m'instruire de son sort;
Sois sincère surtout : quel sera-t-il?

NÉOPTOLÈME.

La mort.

PYRRHUS.

S'il ne craignoit que toi, tyran, ta barbarie
Te coûteroit bientôt et le trône et la vie.
Voyons donc jusqu'où peut aller ta fermeté.
Mais, pour laisser ta haine agir en liberté,
Je vais te rassurer contre un fer redoutable
Qui rendroit dans mes mains ta perte inévitable.
(Il jette son épée aux pieds de Néoptolème.)
Frappe, voilà Pyrrhus.

SCÈNE IV.

PYRRHUS, NÉOPTOLÈME, ILLYRUS.

ILLYRUS, *entrant.*

Dieux ! qu'est-ce que je vois ?

PYRRHUS.

Je m'acquitte, Illyrus, de ce que je vous dois.

NÉOPTOLÈME.

Où suis-je ? Quel transport de mon ame s'empare !
Quel soudain mouvement tout-à-coup s'y déclare,
A l'aspect imprévu de cet audacieux !

SCÈNE V.

GLAUCIAS, PYRRHUS, NÉOPTOLÈME,
ILLYRUS, ÉRICIE, ANDROCLIDE,
CYNÉAS, ISMÈNE, Gardes.

GLAUCIAS, *entrant avec Éricie.*

Que vois-je ? quel objet se présente à mes yeux ?
Hélénus désarmé devant Néoptolème !

NÉOPTOLÈME.

Tu vois un ennemi qui se livre lui-même,
Et qui, loin d'essayer de fléchir ma rigueur,
Ose par sa fierté défier ma fureur ;
Qui me brave, me hait, me méprise et m'offense.

GLAUCIAS.

De quoi va s'occuper ton injuste vengeance ?

Sont-ce les mouvements qu'il te doit inspirer?
Il se livre à tes coups; que veux-tu?
NÉOPTOLÈME.
L'admirer.
Ne juge point de moi par ce que j'ai pu faire.
Le malheur rend souvent le crime nécessaire ;
Et le penchant des cœurs ne dépend non plus d'eux,
Qu'il en dépend de naître heureux ou malheureux.
C'est dans le sang des rois que j'ai puisé la vie ;
Mais, quand je serois né des monstres d'Hyrcanie,
J'aurois été touché d'un trait si généreux.
Pyrrhus, un même sang nous a formés tous deux ;
Mais les mêmes vertus n'ont point fait mon partage.
Si j'ai troublé des jours que t'envioit ma rage,
Je te laisse aujourd'hui maître absolu des miens,
Et je prodiguerois tout mon sang pour les tiens.
Je t'ai ravi le sceptre, et je te l'abandonne.
Un ami tel que toi vaut mieux qu'une couronne ;
Et je préfèrerois à l'éclat de mon rang
L'honneur d'être avoué pour prince de ton sang.

PYRRHUS.
Si j'osois me flatter, malgré la mort d'un père,
Qu'un repentir si grand fût durable et sincère....

NÉOPTOLÈME.
C'est à vous que je dois ce retour vertueux
Qui me rend à moi-même, à mon prince, à mes dieux,
Seigneur. Je n'ose encor prétendre à votre estime :
Un bien si glorieux n'est pas le prix d'un crime.
Trop heureux que Pyrrhus ne m'en punisse pas,
Et veuille de ma main recevoir ses états !

PYRRHUS.

A ce noble retour je sens que ma justice,
Malgré la voix du sang, doit plus d'un sacrifice.
Puisqu'un remords suffit pour apaiser les dieux,
Les rois ne doivent pas en exiger plus qu'eux.
Dès qu'il leur plaît ainsi, jouissez de la vie :
Moi, je vous rends le sceptre en faveur d'Éricie.

NÉOPTOLÈME, lui présentant Éricie.

Daignez donc accepter ce gage de ma foi,
Seigneur ; c'est le seul bien qui soit encore à moi.
(à Illyrus.)
Prince, sur cet hymen je n'ai rien à vous dire :
Votre cœur est trop grand pour ne point y souscrire
(à Glaucias.)
Et vous, digne mortel dont les dieux firent choix
Pour être le vengeur et l'exemple des rois,
Généreux Glaucias, à qui je dois la gloire
De pouvoir effacer l'action la plus noire,
Recevez votre fils pour prix d'un si grand bien.
Et vous, mon cher Pyrrhus, daignez être le mien.

FIN DU SECOND VOLUME.

NÉOPTOLÈME.

Laissez-nous.

ÉRICIE.

Ah! seigneur, par pitié, souffrez-moi près de vous :
Je ne vous quitte point.

NÉOPTOLÈME.

Quels transports!

ÉRICIE.

Ah! mon père,
Si jamais votre fille a pu vous être chère,
Daignez à ma douleur accorder un moment.

NÉOPTOLÈME.

Fuyez, dérobez-vous à mon ressentiment :
Je me lasse à la fin d'une douleur si vaine.

ÉRICIE.

De ces funestes lieux ôte-moi, chère Ismène;
Si d'un infortuné je veux sauver les jours,
C'est à d'autres que lui qu'il faut avoir recours.

(Elle sort.)

SCÈNE III.

PYRRHUS, NÉOPTOLÈME, Gardes.

NÉOPTOLÈME, à part.

Que de trouble s'élève en mon ame éperdue !
(à Pyrrhus.)
Seigneur, enfin la paix si long-temps attendue
M'est redonnée ici par ce même héros
Dont la seule valeur nous causa tant de maux.

PYRRHUS.

Heureux si cette paix, qui tous deux nous rapproche,
Pouvoit être entre nous exempte de reproche !
Mais on doit pardonner aux soins de ma grandeur
Ce que semble de vous exiger ma fureur.
Je sais ce qu'il en coûte à des cœurs magnanimes,
Lorsqu'il faut immoler d'innocentes victimes.

PYRRHUS.

Ne te sied-il pas bien de t'en justifier,
Toi qui nous as contraints à les sacrifier ?
Épargne à ton honneur un discours inutile,
Qui doit faire rougir un descendant d'Achille ;
Et ne nous fais pas voir pour la seconde fois
Un sujet altéré du meurtre de ses rois.

NÉOPTOLÈME.

Ai-je bien entendu ? Quel sinistre langage !
A me l'oser tenir qu'est-ce donc qui t'engage ?
Pourquoi par Cynéas me faire pressentir
Sur un espoir trompeur que tu viens démentir ?
Est-ce en me préparant des injures nouvelles
Que l'on croit terminer de si grandes querelles ?
Tu déclares la guerre en demandant la paix.

PYRRHUS.

Non, cruel, avec moi tu ne l'auras jamais,
Quoique je vienne ici remettre en ta puissance
Celui dont tu devrois éprouver la vengeance,
Cet innocent objet de tes noires fureurs,
Ce Pyrrhus que ta haine accable de malheurs.

NÉOPTOLÈME.

Hé bien ! puisque c'est toi qui dois me le remettre,
Ne diffère donc point, ou cesse de promettre.

TABLE

DES PIÈCES CONTENUES DANS CE VOLUME.

	Pages
RHADAMISTHE ET ZÉNOBIE, tragédie,	5
XERXÈS, tragédie,	75
SÉMIRAMIS, tragédie,	159
PYRRHUS, tragédie,	235

Fin de la Table du second volume.

www.ingramcontent.com/pod-product-compliance
Lightning Source LLC
Chambersburg PA
CBHW060029180426
43196CB00044B/1480